四川好玩

《四川好玩》编写组　编著

U0732928

四川
好玩

Welcome to
SICHUAN
天下四川 熊猫故乡

目 录
CONTENTS

天下山水在于蜀
天府之国的前世今生
蜀道之难，蜀道之要，蜀道之美
三星堆——一个失落的文明
天府之神，和平共处
诗人故里　诗歌之乡
浓郁的民族风情，灿烂的中华文化
熊猫的故乡
四川人，盆地客
麻辣四川，食在天府

四川好玩的 N 种解读

1

四川好玩
Welcome to
SICHUAN
天下四川 熊猫故乡
解读之

天下山水在于蜀

诗云:"峨眉天下秀,夔门天下雄,剑门天下险,青城天下幽。"

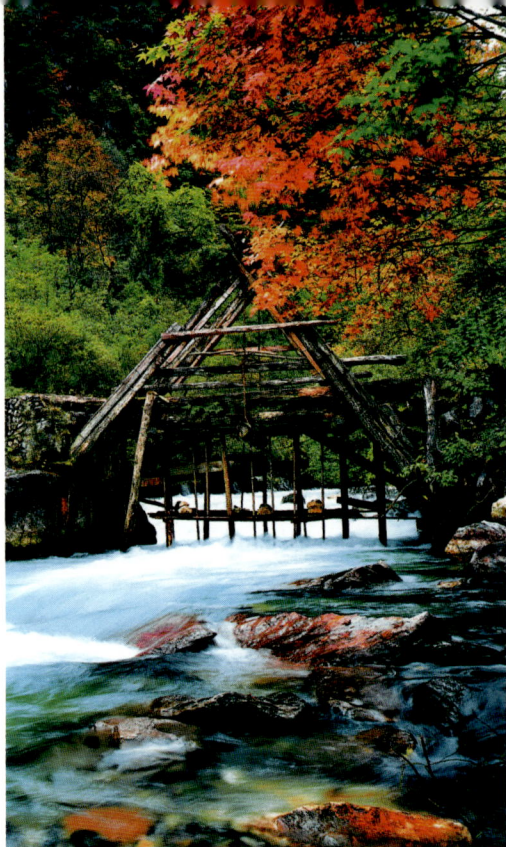

　　四川省简称川或蜀。位于中国大陆西南地区、长江上游,属西南内陆,西有青藏高原相扼,东有三峡险峰重叠,北有巴山秦岭屏障,南有云贵高原拱卫,形成了闻名于世的四川盆地。四川旅游资源极为丰富,历来有"天下山水在于蜀"之说。其实,蜀之壮美山水,又何止于此。

　　四川是旅游资源大省,旅游资源类型多、品位高、组合好、极具特色。四川民族风情浓郁多姿,境内有全国第二大藏族聚居区、最大的彝族聚居区和唯一的羌族聚居区,自然风光独具魅力,多种文化交相辉映。四川省拥有世界级旅游资源 11 个:九寨沟—黄龙、青城山—都江堰、峨眉山—乐山大佛、大熊猫栖息地等 5 处被列入联合国《世界遗产名录》,九寨沟、黄龙、卧龙还与亚丁 4 处一起被列入联合国《世界生物圈保护区》,以及兴文石海和自贡地质公园两处世界地质公园。同时,四川还拥有众多的国家 A 级景区、国家级森林公园、国家级自然保护区、国家级湿地公园、国家级地质公园、国家级非物质文化遗产等国家级旅游资源。从高原、山地、峡谷到盆地、丘陵、平原,从江河湖泊到温泉瀑布,从岩溶地区到丹霞地貌,一应俱全。尤其是我国三大林区、五大牧场之一的川西横断山区，雪峰卓立，林海苍茫，金沙江、雅砻江、大渡河、岷江汹涌澎湃，奔流其间，形成了许多神秘、险峻的旷世奇观，吸引了无数中外游客。据专家统计，四川是国内拥有知名自然景观最多的省份之一。

芙蓉之都　天府之国

四川属多山省份，位于内陆地势三大阶梯中的第一级和第二级，即处于第一级青藏高原和第二级长江中下游平原的过渡带，高差悬殊，西高东低的特点特别明显。

四川地处中国大陆西南，东西稍长，南北略窄，西为青藏高原所扼制，与西藏相邻；东有长江三峡之险，与重庆接壤；北有秦岭巴山屏障，与青海、甘肃、陕西相邻；南为云贵高原拱卫，与贵州、云南接壤。全省地跨青藏高原、横断山脉、云贵高原、秦巴山地、四川盆地几大地貌单元，地势西高东低，由西北向东南倾斜。最高点是西部的大雪山主峰贡嘎山，海拔 7556 米。

山地、高原和丘陵约占全省土地面积的 97.46%。全省除四川盆地底部的平原和丘陵外，大部分地区岭谷高差均在 500 米以上。省内地貌

西岭雪山景区

以龙门山—大凉山一线为界，东部为四川盆地及盆缘山地，西部为川西高山高原及川西南山地。

富贵红尘之四川盆地

　　1911 年春天，一个叫罗林·夏伯林的洋人来到四川盆地，他看到忙碌的人群正在千里沃野上劳作，似乎每一寸土地都被开垦过，都被精耕细作，人们生生不息与之融为一体。远处，云天雍容，黄花遍地，青山保持着与绿水间的调和。夏伯林在这里体验到了"美的巅峰与极致"，他感叹道："我从未看到过如此动人的景象绵绵不绝地展现在眼前，它不断激起你对大自然的激情。"

　　令夏伯林感到震撼的四川盆地就像一个偌大的摇篮，其边缘延伸着一系列"黄鹤之飞尚不得过，猿猱欲度愁攀援"的高山——秦岭、大巴山、巫山、乌蒙山、峨眉山、邛崃山等，摇篮的轴心是偏安一隅的成都平原，它与江南同为富贵红尘之地。从有关资料来看，大约两亿年前，四川盆地内是一片烟波浩渺的巨湖，面积约为 20 万平方公里，有的地质学家把它称作"巴蜀湖"。后来地壳强烈隆起，巴蜀湖面积不断缩小，终于在距今 2000 万年前，形成中国四大盆地之一的四川盆地。

四川盆地是著名的外流盆地，盆地中多紫红色砂、页岩，故又称"紫色盆地"。盆地内平原约占 7%，丘陵约占 50%，低山地约占 40%。砂、页岩风化后形成的肥沃土壤使得气候温湿的盆地成为中国农业史上的常青树。盆地底部龙泉山以西为川西平原区，由成都平原、眉山—峨眉平原组成。其中，成都平原面积达 6200 平方公里，是西南地区最大的冲积平原和粮仓。

这片被高原山岭环绕的盆地是历史上水利工程最大的受益者。古蜀国两位伟大的君王——望帝杜宇和丛帝开明氏，在传说中均被描绘为功勋卓著的治水英雄。在他们两人手里，对农业危害最大的岷江水患得到了初步治理。战国后期，李冰父子主持建成了举世闻名的水利工程都江堰，承蒙这项著名的灌溉防洪工程恩泽，成都平原成为中国西部最富庶的地区。时至今日，都江堰每年仍灌溉着约 800 万亩的良田。

四川西部的川西高原，平均海拔在 3000 米以上，可以分为川西北高原和川西山地两部分。川西北高原属青藏高原的一部分，地势由西向东倾斜，丘谷相间、广布沼泽。分布在若尔盖、红原与阿坝一带的高原沼泽是我国中部地区最大的沼泽带。川西山地是四川省的主要林业、牧业区，西北高、东南低，拥有众多的高山峡谷，由西往东有金沙江、沙鲁里山、雅砻江、大雪山、大渡河、邛崃山等。

九寨沟与黄龙

被誉为"童话世界"的九寨沟位于四川省阿坝藏族羌族自治州境内的九寨沟县中南部，是长江水系嘉陵江白水河的一条支流，因景区内有荷叶、树正、则查洼等九个藏族村寨而得名。游览区海拔 2000 米至

黄龙争艳彩池

3100 米，气候宜人，冬无寒风，夏季凉爽，四季美丽，是世界上旅游环境最佳的景区之一。九寨沟集翠海、叠瀑、彩林、雪山和藏族民俗文化于一体，原始和天然是她的个性和特征。在景区的树正沟、日则沟和则查洼沟"Y"字形沟内，分布着 114 个翠海、47 眼泉水、17 群瀑布、11 段激流、5 处钙华滩流和 9 个藏寨。景区面积 1320 平方公里，原始森林 3 万公顷，原生物种 2576 种，有大熊猫、金丝猴、独叶草等国家保护的动植物几十种。水是九寨沟的灵魂，因其清纯洁净、晶莹剔透、色彩丰富，故有"九寨归来不看水"之说。水、倒影、石磨、藏寨、经幡和藏羌歌舞等，构成了九寨沟独特的旅游文化。

黄龙风景名胜区位于岷山主峰雪宝顶脚下，因佛门名刹黄龙寺而得名。黄龙风景名胜区与毗邻而居的九寨沟在自然景观方面有很多相似之处，都是以湖、溪、潭、泊为主，山水树石并茂的风景区，其中尤以高山彩湖、叠瀑为主的钙华岩溶景观令人叹为观止。

九寨沟与黄龙，倾斜多变的丘陵地势造就了物种丰富的动植物王国，清清碧水倒映蓝天，鱼翔水底、鹰击苍穹，呈现出谜一样的童话世界。素朴的原生态民居和蓝天、流水、森林、草地和谐地融为一体。没有喧嚣的现代文明的噪声充斥，没有冷漠的距离感。旅行在这里将变成短暂的居住，就像海德格尔在内心为自己驻留的大地，你将实现"诗意的栖居"。

峨眉雪芽茶山

峨眉金顶

峨眉山

峨眉山高出五岳，秀甲天下。在我国的游览名山中，峨眉山可以说是最高的一个，主峰万佛顶海拔 3099 米。由于山上山下气温悬殊，从山麓至山顶"一日有四季，十里不同天"。这种自然环境为各种植物的生长提供了良好的条件，山上共有 3000 多种植物，其中包括许多世界上稀有的树种。游人行走山间，举目四望，看到的都是翠绿、碧绿、墨绿的树叶，山也埋藏在厚厚的绿叶之中。这里古木参天，流泉飞瀑，风景独秀，随着季节的变化和山势的不同，景色奇秀绝佳，形成了著名的峨眉十景："金顶祥光"、"象池月夜"、"九老仙府"、"洪椿晓雨"、"白水秋风"、"双桥清音"、"大坪霁雪"、"灵岩叠翠"、"萝峰晴云"、"圣积晚钟"。还有叹为观止的峨眉四奇：峨眉宝光（又名佛光）——每当摄身岩畔云雾弥漫，云层中幻化出一道七色光环，人面对光环所映出自己的身影，犹如面对风镜，实为世界罕见。金顶日出——黎明前，天空墨黑，东方地平线上透出缕缕红霞，一点紫红缓缓升起，由暗到明，蓦地，微微一跃，一轮红日喷薄而出，顷刻，朝霞满天，峨眉山变成金色世界。峨眉云海——由金顶俯视，只见白云如雪绒铺地，无边无涯，似茫茫大海，山风乍起，云涛时开时合，山峰忽隐忽现，如星星小岛，白云忽而疾驰翻滚，忽而飘逸舒展，变化无穷。圣灯普照——每当黑夜来临，只见金顶摄身岩下，荧光点点，在黑暗的山谷间飘忽，有时，数十蓝绿色的光点，依次冒出，迎面射来，瞬间即逝，佛家谓之"圣灯"。

乐山

　　发源于川北大雪山的岷江，带着大量的雪水，滚滚南下。当它进入成都平原，来到乐山城下，已经是一条水面开阔的大江了。在这里，它同波涛汹涌的大渡河，水流湍急的青衣江汇合。就在这三江汇合地，端坐着一尊世界上最大的佛像——乐山凌云大佛。这尊佛像凿塑于岷江南岸凌云山栖鸾峰临江一面的崖壁上，和乐山城隔江相望。它面对着滚滚东流的江水，体态雍容，神情自若。这尊雄伟的佛像高71米，数十里外都可以看到，古有"佛是一座山，山是一尊佛"之说。大佛头长14.7米，宽10米。头顶上每一个螺髻都可以放入一张大圆桌。大佛耳朵长7米，耳朵眼里可以钻进两个人。大佛脚背宽8.5米，可以围坐100多人。大佛比山西大同云冈石窟最高的大佛要高出3倍，过去认为世界最大的是阿富汗巴米扬大立佛，高53米，而乐山大佛比其要高出18米。游人们在瞻仰它的时候，莫不对我国古代的雕塑师们在设计和塑造这尊佛像时所表现出来的伟大魄力和高度的智慧，表示赞叹和钦佩。

青城山

　　位于四川省都江堰市西南，古称丈人山，方圆100余公里，高峰海拔1800多米，为邛崃山脉的分支，北接岷山，连峰北绝，山林青翠，景色青幽。城外诸峰环绕，山上树木茂盛，山路两旁古木参天，浓荫覆地，群峰环抱，四季常青，故名青城山。青城山分青城前山和青城后山。前山景色优美，文物古迹众多；后山自然景物神秘绮丽、原始华美如世外桃源。青城山是邛崃山脉南段的东支，地质构造复杂，奇峰叠嶂、幽谷深潭、古洞苍岩纵横其间。这里属中亚热带四川盆地湿润气候区，夏无酷暑，冬少严寒，雨量多，湿度大，常为云雾笼罩，满山林木葱茏，四季青翠。山上花卉资源丰富，观果、观叶植物繁多，盛产野生药材，在追求质朴、崇尚自然的道家眼中，这样的自然环境无疑是一处洞天福地。这里的道观亭阁多藏于绿荫丛林之中，或隐或现，意境幽深。青城山以其自然景观和人文景观的幽古清雅博得"青城天下幽"的美称。青城山是我国道教发源地之一，属道教名山。山路旁小亭遍布，主要风景名胜有建福宫、天然图画、天师洞、上清宫等。建福宫是游山的起点，始建于唐代，规模颇大，气度非凡，现尚存二殿三院。宫前有一条清溪，四周古木葱茏，环境幽美。左侧是明庆府王妃遗址。天然图画西距建福宫1公里，是清光绪年间建造的一座阁，这里苍岩壁立，云雾缭绕，绿树交映，游人至此，如置身画中，故名"天然图画"。距天然图画西两公里处有青城主庙——天师洞。洞中有"天师"张道陵及其三十代孙虚靖天师像，天师洞现存殿宇建于清末，规模宏伟，雕刻精致，其主殿——三皇殿中供有唐朝石刻三皇，殿内现存历代石木碑刻中最著名的有唐玄宗旨书碑、岳飞手书的诸葛亮前后出师表等。

四姑娘山景区

四姑娘山

　　四姑娘山位于四川省阿坝藏族羌族自治州小金县与汶川县交界处，是横断山脉东部边缘邛崃山系的最高峰。四姑娘山由四座连绵不断的山峰组成，它们从北到南，在 3~5 公里范围内一字排开，其高度分别为 6250 米、5664 米、5454 米、5355 米。 四姑娘山的地表主要为中生代和古生代的砂岩、板岩、大理石、石灰岩与结晶灰岩组成。这些岩石大多耐风化剥蚀，山峰尖削陡峭，直插云天。四姑娘山周围还有 20 多座被冰雪覆盖着的四千至五千米高的山峰。 四姑娘山的东面有奔腾疾泻的岷江纵贯而过，西有"天险"之称的大渡河。山谷地带气候温和、雨量充沛，山花遍野、溪流清澈；山腰冰川环绕；山顶地势险峻，白雪皑皑。四姑娘山一带森林茂盛，气候宜人，为丰富多彩的动植物提供了生存环境。在海拔 2500 米以上地段有原始森林分布，以高山针叶林、针阔叶混交林为主体。这里出产的红杉、红豆杉、连香树等是四川特有的珍贵树种。在海拔 3700 米以上地段还有高山草甸分布。每当春夏之交，这里绿草如茵，繁花似锦，是良好的夏季牧场。山上还盛产天麻、贝母、虫草等名贵中药材。这里的兽类有五六十种，鸟类 300 种左右。其中属国家保护的珍稀动物有：大熊猫、小熊猫、金丝猴、白唇鹿、毛冠鹿、雪豹、苏门羚、金猫、扭角羚、林麝，以及红腹角雉、血雉等。举世闻名的卧龙大熊猫自然保护区就坐落在四姑娘山东坡。

四川妙玩 Welcome to SICHUAN 天下四川 熊猫故乡 解读之

2

天府之国的前世今生

古蜀先民的故事就像雾霭一样，一直在四川盆地盘桓。

上古时期的四川

胡小石先生在《屈原与古神话》里认为："神话传说是起源于我国西南——巴蜀的神话。"这一结论，在嫘祖的故乡——四川盐亭，得到了充分的佐证。当地出土的"嫘祖圣地碑"就是唐代大诗人李白的老师、韬略家赵蕤在唐玄宗开元二十一年（733）为金鸡乡民修葺嫘轩宫告成而作的碑序。碑文记载着："女中圣贤王凤，黄帝元妃嫘祖，生于本邑嫘祖山。"当代学者杨超根据这一史料认为："嫘祖文化是传说的文化，是上古时的正史。赵蕤这个碑，客观总结了唐以前几千年的嫘祖文化和远古文明的历史。"

关于嫘祖的家乡，一直存有争议，一说在湖北宜昌，一说在四川盐亭。出现争议应该说很正常，反映了人们对这些拥有"半人半神"伟力人物的崇敬与爱戴。

嫘祖和炎、黄二帝一样，是中华民族的"人文始祖"，也是多元一

体的中华民族的伟大母亲的代表。用现在的话说，她又是伟大的科学家、发明家，为创造我国古代文明作出了杰出贡献。

黄帝时代是上古的文明开化时代，嫘祖以发明丝帛而称雄于西陵，并受到黄帝的仰慕。后来嫘祖与黄帝联姻，从此辅弼黄帝，"施惠存天，一道修德，惟仁是行，宇内和平"。有关学者指出："中华民族的团结和整体统一，在我们的祖先黄帝、嫘祖那时就已经开始。留给我们炎黄子孙一个光荣传统……通过蚕丝文明实现了中华一统富耕桑，促进了各部落、各民族的大融合，因此，中国文明史的开端应从黄帝、嫘祖时代算起。"

四川的盐亭县古时是巴蜀的分界，气候温和、土地肥沃、雨量充沛，具有优越的自然条件。当地的蚕桑丝绸文明源远流长，蚕丝业一直是盐亭人世代赖以为生的生计来源。《盐亭县志》记载，隋代盐亭县令董叔封大力劝民栽桑养蚕，蚕丝称盛新城郡；唐代时，盐亭生产的"鹅溪绢"是"皇家画院之贡品"；宋代大文豪苏东坡及著名诗书画家文同都有许多赞美"鹅溪绢"的诗；在清代，盐亭蚕丝业更是兴盛，"比户机声轧轧，所产甚饶"。

从历史谱系来看，距今约4500年前，一支生活在岷江上游，以"蜀"为号的部落迁徙到了成都平原，后来还出现了蚕丛、柏灌、鱼凫这些流芳千古的大人物，三星堆遗址便极有可能是他们施展伟力的杰作。帝颛顼（史前"三皇五帝"之一）是黄帝和嫘祖的孙子，他把他的支庶分封于蜀。这一时期，正与史载"三代蜀王"争雄局面的结束、川西平原政治一体化的时间相吻合，表明一个根植于社会，而又凌驾于社会之上的国家政权的产生。这个政权，便是早期的蜀国。

禹生石纽

　　帝禹的最大功绩，是创造性地使用大规模水利工程治理肆虐的洪水。大禹改变了以往单纯用堤坝围堵洪水的方法，强调开渠疏导洪水使其顺利宣泄入海，重现江山如画之景。这种或堵或疏的工程理念，对中国历代统治者的国家管理理念产生了重要的影响，凡是和谐或较为和谐的朝代，对民众的利益和欲求通常都采取了疏导的政策，而不是堵压。

　　禹生石纽是关于大禹出生地的神话传说，是古代羌人对民族祖先大禹崇拜的产物。岷江上游的羌人是迁徙定居的族群，他们需要用大禹神灵来建构族群认同。历史上禹生石纽的汉川之争，反映的是岷江上游羌族部落的历史记忆。羌人对华夏大禹神话的羌族化改造与诠释，显示了秦汉时期大禹崇拜多元化的特点。

　　早在西汉蜀人的记载中，就开始出现大禹诞生于蜀地之说。西汉扬雄《蜀王本纪》说："禹本注山郡广柔县人也，生于石纽，其地名刳儿坪……"这是禹生石纽说的原始记载。由蜀人扬雄倡言的大禹诞生地的说法，多为历代史籍所沿袭。刳儿坪位于九龙山第五峰下，其地"稍平阔，石上有迹，俨然人坐卧状，相传即圣母生禹遗迹"（《四川通志》）。沿刳儿坪溪流而下，有一巨石，其状如盆，其"水色金赤，四季不变，

相传禹母诞禹后洗儿处也"（中华民国《北川县志》），因此得名。

大禹神话在羌人中的流播，反映出汉文化在羌族社会中的影响。羌人"刳儿坪"的地名，其实是羌人根据历史文本建构的大禹遗迹。岷江上游高山峡谷多断壁石崖，羌人造"禹生石纽"自有丰富的天然资源。石泉九龙山第五峰下的刳儿坪，其地形犹如人坐卧之状，不难被羌人比附为圣母生禹的遗迹。

洗儿池以下的溪流中，"白石累累，俱有血点浸入，刮之不去。相传鲧纳有莘氏女，胸臆坼而生禹，石上皆是血溅之迹"（《锦里新编》）。令人称奇的是"血石止禹穴一里许"（《三边总志》），距洗儿池稍远即无此奇观。不远处的绝壁上刻有虫篆体"禹穴"二字，字大二尺见方，"传为大禹所书"（《四川通志》）。古时禹穴沟尚有禹之采药亭。《升庵外集》云："其山药气触人，往往不可到。"传说大禹幼年，随母采药于此山，故乡人谓之采药山。

龙显昭所撰《夏禹文化与四川的禹庙》一文中称，禹庙兴起于秦汉，盛行于唐宋，遍立于明清。唐宋时期，四川各地禹庙兴起，其中以

忠州、成都和石泉（今北川）的禹庙最为有名，都江堰、遂宁、射洪、黔江、南充、绵阳等地的禹王宫历史也较为悠久。

"蜀"字与开山立国

汉字总是像魔法石一样藏有玄机。"蜀"字最早见于商代的甲骨文，《说文解字》指出，蜀，是"桑中虫"的意思。学者们推断是商朝人最先发明使用"蜀"字，并且有20多种写法。每一种写法上，都有一个大大的"目"字，意思是"纵目"。最早，"蜀"字下面没有"虫"，"虫"是后来加上去的，金文将它固定下来，直到汉隶才固定为现在的"蜀"字。

"蚕丛及鱼凫，开国何茫然。"3000多年前的古蜀王国，不仅开国时间扑朔迷离，每个王朝最后的去向，也无人能晓，只留下一点点零星的蛛丝马迹，任凭后世揣度。就拿第一个古蜀王国来说，一说是来自岷江上游的蚕丛建立的；另一种观点却认为，来自嘉陵江畔的黄帝才是立国者。而接下来的柏灌、鱼凫、杜宇、开明等每一个王朝国破后，最后的国王和众多子民流落到了什么地方？如果说古蜀的历史是一条长河，那么一代代的蜀王便如同河流的转弯处般，决定着长河的走向。这些蜀王彼此交替、延续，他们到底拥有着怎样的命运和结局呢？

蜀山氏是最早以"蜀"为族称的部落。在《史记》、《山海经》等史料中，还记载着一个最早以"蜀"为国名的国家，这也和蜀山氏有关。《史记》记载，西陵国（今四川盐亭一带的一个古蜀部落）的嫘祖最早与黄帝结亲，并生有青阳和昌意二子。昌意娶蜀山氏女昌濮为妻，生下高阳。高阳后来继承帝位，就是颛顼，并把他的支庶分封在蜀。从此，蜀便成了中原的一个属国。后世蜀人常对外人自豪地说"我们是黄帝的子孙"，渊源便在于此。

从蜀山氏开始，古蜀历史的脉络逐渐清晰，进入了半信史阶段。人们熟悉的三代蜀王，也就是在这个时期开始登台亮相。一种说法是，蜀向家蚕的转变过程，也就是蜀山氏向蚕丛氏过渡的过程，蜀山氏部落最早以"蜀"为号，蜀变蚕后，他们便以"蚕"为号，改称蚕丛氏。证据有两条：一是蚕丛氏的"蚕"就是"蜀"进化而来的；二是自从古籍中出现蚕丛氏以后，原本频频出现在史料中的蜀山氏似乎就在一夜之间消失了。

在四川的许多地区，至今流传着蚕丛将蜀驯化为家蚕的传说。蚕丛氏部落居无定所，随着首领蚕丛到处迁徙。所到之处，举族养蚕，而那里也就马上成为热闹的集市。据说蚕丛王常穿一件青色的衣服，巡行郊野，教民养蚕，他死后人民尊他为"青衣神"，四川青神县也因此得名。传说蚕丛的生辰是农历六月二十四，一直到 20 世纪 50 年代，民间仍然有在这一天拜祭蚕丛的民俗。

南宋学者罗泌在《路史》中认为，蚕丛、柏灌、鱼凫这几位蜀王各活了数百岁，部落名就叫蜀山氏。他们是蜀山氏的蜀王，原先生活在岷江上游汶川、威州、姜维城一带，后来逐渐迁徙到成都平原上。两晋时期的绵竹（今绵阳一带）先民，还有过蜀山氏生活的痕迹，而他们最终在广汉一带立国。今天的三星堆遗址，出土了众多可能与蚕丛、鱼凫有关的文物，使蜀山氏在广汉三星堆建国的历史，变得可信。

古蜀王国到了杜宇王朝，正是中原的西周时期；开明王朝则是中原

的春秋战国时期。前316年，秦国趁蜀国和巴国发生战争之机，派大将司马错率军南下，一举灭掉了蜀国和巴国，古代蜀国的历史就此结束。

战国秦汉的四川和蜀道

在巴国定都江州（今重庆）之初，蜀国国力之强是毋庸置疑的。常璩在《华阳国志》里说，杜宇施政西川，同时泽惠巴国，正所谓"巴亦化其教"。加上《太平广记》、《路史·国名记》中记载的"昔蜀王蚕君王巴蜀"，都表明当时的蜀王统辖着巴国。但此后巴国日益强大，开始蚕食蜀国的地盘。有学者推论，战争极有可能源于对食盐资源的争夺。巴、蜀两国固有平衡的打破，在《华阳国志》中被记录为"巴与蜀仇"和"巴蜀世战争"。

巴蜀二国的拉锯战最终由第三方消弭，因为二者的力量尚不足以剿灭对手。从北方长驱南下的"渔翁"秦国，成了巴、蜀这两只"鹬蚌"之争的终结者。直接控制这场利益博弈的人，是大名鼎鼎的张仪和司马错。即使用今天的眼光来看，这些高级幕僚都可谓颇有远见，通过置郡之法，使其为己生利，更因此获得了巴、蜀二城奠基者的光荣和名声。

为了更加有效地控制巴蜀之地，开辟通道是当务之急。从现有的考古发现和地形地势推断，由于秦岭山脉难以穿越，蜀国与商周的早期交往是经白龙江或西汉水河谷，转道今甘肃境内的。当周人东迁以后，甘肃一带为戎人所占，这条交通线就被切断了。因此，秦蜀双方要联系或扩张，就必须开辟新的通道。如果没有越过秦岭天险的道路，就无法实现秦蜀间的联系，秦国要出兵灭蜀也就无计可施，所以秦国千方百计要开通道路。同时，筑路工程艰险异常，在此过程中曾发生多次事故，造成大量人员的死亡。

宽窄巷子

　　历史学家葛剑雄认为，"蜀道"的开通导致了秦国灭蜀的结果，但闭塞的地理环境依然是蜀地统一于以关中或关东为中心的中原王朝的天然屏障。因此，在秦灭蜀以后的相当长时期内，秦国一直在通过安置移民和流放罪犯等手段来加强自己的统治基础，这一移民过程持续到了西汉初年。尽管如此，在秦汉之际、两汉之际和东汉末年，蜀地又分别三次成为割据的基地。由四川盆地向西南和南方的开拓也面临巨大的地理障碍，所以秦朝只有开通了由今四川宜宾至云南的"五尺道"，才能在沿线诸国"置吏"。汉武帝时为了控制西南夷地区，也不得不征调巴蜀四郡的人力和物力用以筑路，后来才利用出兵南越的机会，打通了与西南夷地区的联系。

　　从战国末年到南宋末年，四川共经历了三次大规模移民。第一次移民是秦国灭蜀以后，对巴蜀地区的移民，加上秦始皇统一中国以后迁六国贵族到四川定居；第二次移民是东汉末年动乱中，先是刘焉，后是刘备带领的中原世族进入四川；第三次移民是唐末动乱中，四川接受大批避难的中原世族。三次移民的共同特点是，移民的文化水准高，并能把中原地区先进的文化带进四川，促进了巴蜀地区社会经济、文化的飞

23

跃，入汉以后，繁华程度超过关中地区而被誉为"天府之国"。

值得一提的是，秦国灭蜀之后，筑起四面城墙将成都围成一个大城。紧贴大城西面城墙又砌了三道城墙，围出一个小城，叫"少城"。平时"少城"辟为集市，战时则成为大城的前哨与屏障。清朝时期，成都的守军便驻扎于此。包括现在的成都军区，都设在少城一带，也是有传统的。清朝以来少城是八旗子弟及贵族的居住地。辛亥革命以后，成都的达官显贵也来这里置建公馆别墅。如今闻名遐迩的"宽巷子"就是"少城"仅存的街道之一，这条街上有很多极具代表性的川西庭院建筑。

两汉三国时期的四川

汉初，封建统治者实行休养生息政策，并继续向蜀地移民。蜀地社会经济持续发展，但文化事业相对落后。汉景帝（前 156 ~ 前 141）末年，文翁出任蜀郡太守，首创官学，将兴办教育列为治蜀首要目标。从此蜀郡学风大盛，可与文化发达的齐鲁地区媲美。文翁兴学传到巴郡和汉中郡，"巴，汉亦立文学"。汉武帝时，更令天下郡国皆立文学。

汉武帝时期（前 140 ~ 前 87）在巴蜀采取的一项重大举措是开发西南夷，最终将西南的大部分地区划入汉朝版图并设立益州以统辖，治成都县（在今成都市）。汉武帝开发西南夷，不仅促进了西南各族人民、各地区间的相互交流与共同进步，而且还有利于统一的中央集权的多民族国家的发展。西汉末，公孙述占据益州（今四川），自立蜀王，国号"成家"，建都成都，这是自秦并巴蜀后四川地区建立的第一个封建割据政权。东汉时四川复归汉有。东汉末又为刘焉、刘璋父子割据（189 ~ 214）。而后，刘备在成都称帝，国号"汉"，改年号章武，史称"蜀"或"蜀汉"（221 ~ 263）。蜀汉的疆域包括今四川、云南的大部分，贵州全部，陕西汉中和甘肃白龙江流域的一部分。

政治上，诸葛亮以"北定中原，兴复汉室"为己任，实行联吴抗魏方略，并亲自率师六出祁山，攻略曹魏。内政上，厉行法治，而用心平明。经济上，注意务农植谷，闭关息民，重视手工业生产，促进了盐、铁、锦业的发展。诸葛亮的另一大业绩是平定南中，不仅使"夷汉粗安"，而且推动了西南地区经济的发展，也为蜀汉提供了稳定的物质基础。

四川以拥有大量三国时代的古迹而自豪。沿"蜀道"分布着众多的名胜古迹，主要有古栈道、张飞柏、三国古战场遗迹等等，而分布在成都平原的三国文化古迹更是难以计数，多至上百处，使游人流连忘返。

两晋隋唐时期的四川

成汉灭亡后，其旧部起兵反晋，被桓温击败。桓温率军离蜀后，成汉旧部又反，攻入成都。347 年，成汉故臣范长生之子范贲被拥立为帝，东晋振威护军萧敬文亦乘乱起兵攻陷涪城（今绵阳市），占领巴西全郡，自称州牧。益州形势顿时陷于动荡之中。

两年后，东晋益州刺史周抚率兵平定益州，桓温于 351 年派军协助平定萧敬文叛乱。365 年，周抚卒后不久，梁州刺史司马勋举兵反叛，自称益梁二州牧、成都王，引兵进围成都。桓温命朱序于次年击破司马勋围成都之军，擒获司马勋及其党羽，平定了这次叛乱。

373 年冬，北方前秦苻坚出兵攻夺梁、益二州，东晋命毛虎生父子统兵攻蜀，不克。375 年 5 月，蜀人张育、杨光起兵反秦，与巴僚共 5 万余人进克成都，求晋兵出援。不久，张、杨及晋援军皆败，益州复归前秦。385 年，前秦益州刺史率部奔还陇西，成都守备空虚，东晋终得复取益州。

郭崇韬占成都后，为庄宗之子所杀，庄宗派孟知祥为西川节度使，入川定乱。934 年，孟知祥在成都即位，国号蜀，史称后蜀。孟知祥在川免除苛税，减轻人民负担，并缓和了与中央政权的武装冲突。其子孟昶即位后，实行"赋役俱省"政策，与民休息，使农业得以继续发展，

经历了长期的战乱后，四川一度成为全国最为安定繁荣的地区。

然而孟昶晚年，却疏于朝政，纵情作乐。他命人在成都城上遍植木芙蓉，成都自此又称"芙蓉城"。964 年，宋太祖赵匡胤命将伐蜀。次年年初，孟昶降宋，后蜀灭亡。

581 年隋朝建立，隋文帝以其第四子杨秀为益州刺史、总管，并封为蜀王。次年设置西南道行台尚书，以杨秀为尚书令，总揽四川的军政大权。蜀王杨秀骄奢淫逸，残害人民，任用小人干预军务，又大兴土木扩充宫殿。隋文帝于是在 601 年召回杨秀，改派总管。隋炀帝即位后，横施暴政，引发了农民起义。但隋末农民起义基本上未波及四川，使这里成为全国少有的安定地区。

617 年，李渊得长安后，派员招抚四川，四川各地长官、豪族纷纷归附唐王朝。

唐朝时期，四川的行政建制变易甚大，最终在 766 年分剑南道置东、西两川，以剑南东川、剑南西川和山南西道合称为"剑南三川"，此为唐代四川的主要行政区划。

值得一提的是，隋唐时期，四川民风崇重道教，盛极一时。前蜀杜光庭赐号广成先生、传真大师，晚年隐居青城山，号东瀛子，著有《广成集》、《仙传拾遗》、《道教灵验记》等多部著述。其中《道门科范大全集》对道教教仪则详加规定，自此以后，道教各科始有醮仪。

由于唐代四川是景教的流行地区之一，成都大秦寺极为富丽壮观。汉州刺史房倡导景教，"房公石"即其遗迹之一。

张献忠入蜀

明末农民战争爆发后，张献忠于 1633 年首次率师入川，次年年初由湖广第五次入川，号称有众 60 万，以"澄清川岳"为旗帜，溯江而上，节节胜利。6 月克重庆，8 月克成都，结束了明王朝在四川的统治。1644 年 11 月 16 日，张献忠在成都即位，国号大西，建元大顺，自称西王。大西农民政权建立了中央机构和地方各级政权组织，并开科取士，补充官员。大西政权没收明地方政府的库金和王朝宗藩的财产，向富民大贾征收赋税，发放金银赈济贫民。又铸货币"大顺通宝"以供流通。

1646 年，清军入关两年后攻入四川，张献忠率军迎击，不胜，在西充县凤凰山多宝寺前太阳河畔遭清军突袭，中箭身亡，时年仅 41 岁。大西农民政权归于失败。

张献忠本来指望"暂取巴蜀为根，然后兴师平定天下"。但看到李自成兵败，清兵气势如虹，自感大势已去，绝望之下，在四川进行了空前绝后的烧杀。他以开科取士为名，杀知识分子于青羊宫，又坑埋成都民于中园，杀卫军 98 万，并迫不及待地遣四将军分屠各县，将亿万宝物藏匿于锦江，决水放流，自谓"无为后人有也"。

按照常理，一般的杀人，目的大概是为排除异己。张献忠在川杀人，却并非如此。他的《七杀碑》上这样写着："天生万物与人，人无一物与天，杀，杀，杀，杀，杀，杀，杀！"从这些话看来，他要这样杀人，是替天报复的。照《蜀碧》和《蜀龟鉴》所记载，他常常把小孩子掷向空中，任凭其落下戳在枪尖上，看着小孩子流着鲜血狂叫乱动的情形以为快乐。可见他的杀人，还寓有游戏的意义。

在民间传说中，明末张献忠兵败四川，曾经"江口沉银"，大量金银财宝随船沉入江底。四川省彭山县岷江河道中近年发现的一桶明代官银，又勾起了人们对这段历史的回忆，并掀起了民间的"寻宝热"，很多人猜测当年的"沉银"地点极有可能就在彭山县江口镇。

晚清时期的四川格局

鸦片战争以后，四川历史上发生过许多引人注目的大事件：19 世纪 60 年代初的李、蓝起义与石达开入川；60 ～ 90 年代的两次重庆教案和成都教案；19 世纪末至 20 世纪初四川近代知识分子群体的崛起和与此相关的维新变法、辛亥革命前的一系列武装起义；20 世纪初地方官推行的包括近代教育、近代实业在内的各项"新政"，川省商会的广泛设立（至 1911 年达 98 个，数量居全国第一）与联合及资产阶级立宪运动；

资产阶级立宪派和革命派领导的四川保路运动与保路同志军大起义……
一波又一波的近代历史大潮，从政治、经济、思想、文化各个方面向封
建主义压迫与外国资本主义和帝国主义压迫发起冲击，最后虽然没有
使四川摆脱半殖民地半封建社会的命运，却结束了清朝在四川的专制统
治，教育并锻炼了包括近代知识分子在内的各族、各阶层民众。

　　晚清时期，四川的行政区划有一些变化，一方面是开重庆和万县为
对外通商口岸，并允许日本在重庆开辟租界，使四川门户洞开；另一方
面清王朝加强了对四川西部高原的少数民族的镇压和统治。清王朝以平
定巴塘县为契机，开始逐步在川边推行"改土归流"、"以流为主"的
政策，建制州县。"改土归流"政策，即将少数民族地区本民族世袭的
"土官"，改为清王朝所设的"流官"，从而废除了旧有的土司制度，把
各民族地区的政区建制统一在清王朝的政区建制之内。

石达开入川

　　清同治二年（1863），太平天国翼王石达开率兵入川，在大渡河紫打
地（今四川石棉县安顺场）被清军诱俘，6月13日入清营谈判，在洗马
姑被诱捕，全军将士被骗缴械后均遭杀害。石达开于25日被解至成都。
他在官府引诱面前，"坚强之气溢于颜面，而词气不卑不亢，不作摇尾乞
怜之语"。8月6日在成都科甲巷被凌迟处死，"临刑之际，神色怡然"。

　　石达开被害后，四川民间还长期流传着关于石达开没有死的说法，
说被扣押的是与他相貌酷似的养子，若干年后，还有人遇见过隐居四川
的石达开等，足见民间对他的怀念。

　　如今，游人漫步在繁华的科甲巷，如果遥想起石达开在此地就义的
一幕，那种被唤醒的蓦然回首的感觉，大概就是所谓的历史感吧。

　　不需记得太多，但石达开《入川题壁》却是值得铭记的，因为它一
直被誉为"中国最有气势"的作品而广为流传——

黄金若粪土，肝胆硬如铁。

策马渡悬崖，弯弓射胡月。

人头做酒杯，饮尽仇雠血……

西康的短暂史

西康建省，早在明末清初就有倡议。1935 年 7 月 22 日，西康建省委员会在雅安成立，刘文辉任建省委员会委员长。在其努力之下，西康省政府于 1939 年 1 月 1 日正式成立，刘文辉任主席，省会设在康定。1949年 12 月 9 日，西康省主席、第 24 军军长刘文辉与西南军政长官公署副长官邓锡侯、潘文华在四川彭县通电起义，宣布西康省和平解放。1950年 4 月 26 日，在雅安军事管制委员会的基础上正式成立了西康省人民政府，廖志高任省主席，省会设在雅安。1954 年西康省人民政府改为西康省人民委员会，廖志高当选为省长。1955 年 9 月西康省被正式撤销，金沙江以东各县划归四川省，金沙江以西各县划归西藏自治区筹备委员会。从中华民国到新中国，西康省的建制共存在了 16 年零 9 个月。

作为西康省省会的康定是西部地区重要的历史名城，古为羌地。据说蜀国丞相诸葛孔明在准备第七次释放孟获时，双方协定，孟获退出一箭之地，并永不侵犯蜀国边境。孔明暗中派将军郭达星夜兼程，来到今康定安炉造箭，并把所造之箭插在一个山顶上。后迫使孟获退至打箭炉以西的地方，后以郭达造箭之地取名为"打箭炉"。

值得注意的是，费孝通先生认为，康定远古文化的遗存应当说就是"民族走廊"文化遗存。表现得较为清晰的主要有：石棺葬文化、高碉文化、古老的木雅语和鱼通语等语言现象，以木雅和鱼通服饰为代表的服饰文化，古老的民风民俗等。这些现象都是由于远古部落、部族乃至民族相互碰撞、相互交融并不断发展、变化的结果。

抗日战争爆发时，国民政府在西昌设立行辕，到 1946 年 3 月撤销，前后存在了 7 年，是蒋介石所有行营行辕中历史最长的。它当时的任务是"建设抗战基地"，"宣扬中央德意"并"辅导西康省政"。

行辕在西康做出的最大"功绩"，一是扩建西昌小庙机场。动员了一万多名汉、彝民工，耗时近一年，把一个临时性军用小机场，扩建成西康境内唯一的军民两用机场，开辟了西昌对外航空运输线，以后又成为中印航线的重要场站。二是督修川滇西路。这是联结四川内地和滇缅国际公路的战略公路，动员了十几万民工，历时两年多才完成的。主办是交通部公路局，行辕负责督修。但建成后，滇缅路即被日寇切断，在抗日战争中没有充分发挥作用。

四川好玩 Welcome to SICHUAN 天下四川 熊猫故乡 解读之

3

蜀道之难，蜀道之要，蜀道之美

　　一提蜀道，几乎所有的人都会脱口而出："噫吁嚱！危乎高哉！蜀道之难，难于上青天！"其实，李白《蜀道难》中所叹，仅是指古代四川通往陕西秦陇之间的金牛古道而已，今天则多称为"剑门蜀道"。

　　从更为全面的角度言之，古蜀与外界的陆路沟通，除了狭义的"蜀道"，至少还应包括另外两条著名通道，其一是"茶马古道"，即由成都经雅安、甘孜、康定，再入拉萨等地，最后到达尼泊尔、印度等南亚国家，是一条以"茶马互市"为主要内容的商道；其二是"南方丝绸之路"，此道是由西汉先人开辟，由成都分东西两路，入云南，渡怒江，越高黎贡山，直入缅甸，延伸至东南亚各国。

金牛古道

古代四川北上接通中原的古道，细分起来也有 3 条：其一是金牛道；其二是阴平道；其三是米仓道。另外还有几条主要驿道之间的过渡性古道，如连接金牛道与阴平道的景谷道等。这 3 条古道比较起来，因翻越米仓山而得名的米仓道，狭窄曲折、沿途荒凉，在交通上难有大的作为；因邓艾偷渡灭蜀而声名大噪的阴平道，险峻森严、异常艰辛，亦为历来行旅之人所忌惮，凡太平之世绝不愿涉险；唯有金牛古道宽展稳健，且路程较近，加之蜀汉政权长期经营此道，历朝又不断使之完善发展，因此就中国历史上最为重要、发生历史大事最多、使用最频繁的标准来说，金牛道当为古蜀历史上首屈一指的黄金通道。

然而上古时代，川北龙门山脉与秦岭天堑之间，可谓绝壁横亘、千里沟壑，要想在这样的地形下凿石筑路，其工程之艰险、耗费之巨大，在今天的人看来，简直是匪夷所思。为此，两千多年来，金牛古道开凿的过程始终被蒙上了一层神秘幕布，留下了充满神秘和荒诞色

剑门关景区

彩的传说。

据《华阳国志》等古书记载，战国中后期，秦惠王见古蜀第十二世开明王朝国力衰退，蜀王荒淫无道，便欲伐蜀，但苦于崇山阻隔，无路可通。秦惠王请人凿刻了5头巨大的石牛，并派人在石牛尾下放置黄金，每头牛还像模像样地安排了专门的饲养人员。蜀人一见，以为是天上神牛，能屙黄金。蜀王闻之大喜，便派国中5位有移山倒海之力的著名大力士，开山辟路，一直将石牛拖回成都。这就是"五丁开山"的传说，而这条拖送石牛的道路，就是金牛古道——亦称剑门蜀道的来历。

据说五个大力士开山辟路后返还到梓潼地界时，见有一条大蛇钻入山崖石穴。其中一人掣住蛇尾，奋力拔之不出，于是5人齐力相拔，以致山崩地裂，力士们被压入山下。李白在《蜀道难》中所写的"地崩山摧壮士死，然后天梯石栈方钩连"，说的就是这一典故。

神话虽看似无稽之谈，至少有两个方面对后人有所启发：其一，秦国为了越过秦岭、龙门山脉灭蜀，肯定是千方百计想要开通这条灭蜀之道；其二，可以看出修筑此道的千难万险，此工程中大约发生过许多重

剑门关景区

大的事故，造成了大量人员的死亡，而最为严重的一次，可能就发生在传说中五丁掣蛇而死的梓潼境内。

金牛古道作为历史上四川与中原沟通的最重要的一条道路，从广义上讲，它南起成都，经广汉、德阳、绵阳、梓潼、剑阁、广元等地出川，然后在陕西褒城附近转向，接"褒斜道"沿褒河过石门栈道、穿秦岭、出斜谷，直通八百里秦川。

金牛古道在中国古代交通史上的重要地位，早已举世公认；其沿途险峻绝伦，亦是千古闻名。从陕南勉县至蜀中梓潼的崇山峻岭间，一路上雄关当道，险隘迭起，云栈连绵，恶水滔滔，历来行旅之人无不望而生畏，行之胆寒，葬身于险崖恶途、失命于狼虫虎豹者，不在少数，千真万确是"蜀道之难，难于上青天"！

金牛古道最北端与陕西汉中分界，是著名的七盘关。1936年，当川陕公路修至七盘岭时，因为山势险恶陡峻，来自美国的公路设计师们一筹莫展之下，只好退避三舍，费九牛二虎之力才绕开金牛古道上这座著名的山岭，从七盘山腰的一侧另辟蹊径，蜿蜒连绵数度，最后才逶迤盘旋而下。从此，七盘关这座自先秦以来便作为秦、蜀分界的"西秦第一关"，再也无人问津，一路竟衰颓下去了。

再一路南下，则是有"北门天街"之称的朝天关。朝天关位于距今广元朝天区政府所在地东南十余里的朝天岭上，自古就有羊肠小道沟通南北。当山下嘉陵江峡的栈道通行之后，南北交通的主要干道便改为峡中的栈道。然而江峡栈道在数千年来的历史长河中，屡经战火焚毁，因此南北交通也屡屡中断。反而是朝天岭上的这条曲折小道，在巴蜀与中原的交通史上，成了与江峡栈道并驾齐驱的重要通道，承担了金牛古道上繁重的交通职能。如今朝天关下的明月峡，集中了羊肠鸟道、纤夫鸟道、古栈道、嘉陵江航道、高速公路、铁路这6种古今交通道路，号称"活着的中国古代交通博物馆"。

从朝天关沿嘉陵江而下，过飞仙关、石柜阁，入广元城，然后再顺江出城，经过一片开阔的河谷地带，便来到金牛古道上的三国名城——昭化古城。昭化古称"葭萌"，已有2300年的建城史。此城三面环山，两面临水，自古为兵家之重地。此地历来大小战争不计其数，是著名的古战场，三国遗址有著名的战胜坝、葭萌关、牛头山以及保存完好的古城建筑。

这一段，已接近整个金牛古道最核心的区域。再往南，便到了世称为"蜀北屏障"和"两川咽喉"的剑门关。金牛古道又称为剑门蜀道，可见这座具有标志性的天下名关，便是整个金牛古道的核心。自蜀汉以降，剑门关前便烽火未断。凡是改朝换代、外扰内乱之际，剑门雄关便

会为兵喉之气笼罩，被杀伐之血垢染。自诸葛亮立剑门关以来，历代关前所经过的大小战争已不下百余次，的确称得上是闻名天下的铁血雄关。

剑门关向南，金牛古道便渐渐摆脱了险象环生的局面，古道风光变得旖旎灵秀，绮丽多姿。沿途有古柏遮天蔽日的翠云廊、香烟缭绕的梓潼七曲大庙、江油窦圌山太白故里、绵阳富乐山、德阳黄许镇白马关等景点名胜，总之，已是鸡犬相闻、阡陌纵横，一派平旷富饶的川西坝子风光了。

茶马古道

茶马古道是云南、四川与西藏之间的古代贸易通道，主要是为了川、滇的茶叶与西藏的马匹、药材交易，并用马帮运输，故称之为"茶马古道"。一般来说，茶马古道有两条线路：一条是由云南普洱经大理、中甸、德钦等地到西藏；另一条线路，则是由四川成都经雅安、康定、巴塘、昌都至拉萨，再经后藏日喀则出境到尼泊尔、缅甸、印度，转回境内雅安、康定、理塘、巴塘到西藏。"茶马古道"连接川滇藏，延伸入不丹、尼泊尔、印度境内，直抵西亚、西非红海岸。现有的古文物及历史文献资料表明，早在汉唐时，这条以马帮运茶为主要特征的古道就发挥着作用。

茶马古道是世界上通行里程最长、路途最艰难，也是沿途风光最优美的古代商路，总行程在万里以上，几乎没人能够走完全程。历史上茶马古道最大的贸易中转站要数四川康定。康定过去叫做"打箭炉"，从青藏高原下来的马帮到达康定之后，一般都要在这里转换运输工具，或者就地进行茶马贸易。1696 年清康熙帝批准了在康定进行茶马互市贸易的请求，使康定成为内地与西藏地区之间主要的商业中心。四川出产的丝绸、茶叶等商品经过康定运往西方，而南亚、欧洲、美洲的商品也从这里销往中国内地。

在川藏茶马古道沿途分布着可以称为地球上最壮丽，也最令人心动神摇的风景。从成都到雅安，全然是一派川西坝子富庶丰饶的平原风光。雅安素有"川西咽喉"、"西藏门户"、"民族走廊"之称。其气候属于亚热带季风性气候，终年多细雨，如云似雾，恍若轻纱，似有若无，民间称之为"雅雨"，雅安也因此而有"雨城"之称。雅安是川茶最大的产区之一，其境内的蒙顶山被尊为茶中故旧，其所产之蒙顶茶是茶中极品，也是中国最古老的名茶，自唐以来 1000 多年中，蒙顶茶岁岁进贡，年年送京，直至中华民国除旧革新。世有"扬子江中水，蒙山顶上

蒙顶山景区

茶"之赞誉。

出雅安城，一路险峡沟壑渐多，纵横交叠的崇山峻岭令人望眼欲穿。涉过险峻的飞仙关、走天全古镇、再出禁门关，便到了著名的汉藏分水岭——二郎山。二郎山素以其雄险高峻闻名于世，其山顶可远眺蜀山之王贡嘎雪峰的雄姿，被历代行旅客商视为畏途。二郎山景区内富集着丰厚的土司文化、边茶文化、藏汉佛教文化遗迹，最著名的有古碉门茶马互市、二郎山茶马古道、紫石关旧城墙、红灵山寺庙群、慈郎寺等文物遗址。另外还保存有红军长征时遗留下来的红军大学、红军总医院、红四方面军总部、大岗山战场等遗址。

翻过二郎山后，过泸定，抵康定，然后路分两线。南线经雅江、理塘、巴塘、芒康抵达西藏昌都；北线走道孚、炉霍、甘孜、德格，最后也抵达西藏昌都。这一路上的高原风光，雄奇旖旎，随处可见的雪山草甸、森林湖泊，与藏民族无拘无束、自在天然的生活场景相映衬，无处不是如天堂般的纯净和谐。

历史上的茶马古道，绝不仅仅是一条悠然轻松的旅游线路。它不仅是作为一条商贸之路而贯通东西，同时，它也是一个民族的转经朝圣之路。那些前往圣城拉萨的虔诚的朝圣者，不断在崎岖蜿蜒的茶马古道上踽踽而行，有的更是磕着等身长头，从四川的康巴地区一步步直到遥远的西藏拉萨。

在茶马古道通往西藏的沿途，那些从来不为人知的民间艺术家，在长达千年的漫长时光中，在路边的岩石上、嘛呢堆上绘制和雕刻了无数的经文咒语、佛菩萨形象，以及被他们视为神异之物的如海螺、日月、星辰，等等。那些或粗糙或精美的造像为茶马古道那漫长艰辛的旅途增添了一份神圣和庄严，同时，也见证了这条千年古道上的荏苒光阴。

南方丝绸之路

南方丝绸之路可以说是一条几乎被现代人遗忘了的道路，而在当年，它曾经是西南中国最繁盛的一条商道，绵延在广阔的崇山峻岭和滔滔的江河之间。

早在西北丝绸之路形成以前，在中国西南的川、滇地区便有着一条充满传奇色彩的古道，它南通印度支那，北连蜀都成都，是南亚诸国与中国西南的经济文化往来的主要通道。蜀地盛产的优质丝绸，一直受到南亚各国王公贵族的珍爱。为区别于西北丝绸之路，故将这条古道称为南方丝绸之路。南方丝绸之路在古代又称为"蜀身毒道"，一来是印度国在古汉语中称作"身毒"；二来从字面上看，这条道路虽然繁荣，却也充满着难以想象的艰辛，令人不禁对上古先民不远万里进行经济文化交流的活动，产生由衷的敬意。

沿着这条崎岖的古道，先民们出巴蜀、穿云南、入缅甸、抵印度，络绎往来。一路上，既能看到彝、藏先民夜行的火把，也能看到古羌人匆匆的足迹；既能看到印度大乘佛教随着商贩的驼铃，渐次传入蜀地腹心，也能看到绚丽多彩的蜀锦丝绸，引起南亚诸国上流的惊叹……南方丝绸之路可以说是我国最早与异域文化交流的重要通道，它既是商贾往来的古道，更是文化互动的桥梁。

一般来说，南方丝绸之路是从四川成都，经郫县、大邑、邛崃、荥经、汉源、石棉、凉山等地出川，然后经云南昭通、永仁、大理、保山、怒江、高黎贡山、腾冲和瑞丽直入缅甸，并从东南亚诸国延伸至印度。

四川境内的南方丝绸之路长1000多公里，千年风雨铸造的驿道文化可谓俯拾即是，数不胜数，给后人留下了一条珍贵的古代文化交通线。其中最著名的有邛崃的平乐古镇、大邑有"佛道同源"之誉的鹤鸣山和雾中山、汉源旧石器富林文化遗址、凉山彝族风情等。这些如同珠串一般点缀在南方丝绸之路上的名山胜地、古镇风物，使沧桑古道变得丰厚而深沉，给后人留下了数不胜数的丰富遗产。

邛崃县距离成都 70 公里，自古便有"天府南来第一州"、"南方丝绸之路第一站"的美誉，而平乐古镇，则是邛崃民风最淳朴、保存最完好的古镇驿站，早在前 150 年西汉时期就已形成了集镇，迄今已有 2000 多年的历史。这里有"川南第一桥"兴乐桥，桥头附近的 13 棵古榕树更是冠如华盖，其中树龄最大的有 1500 年之久，被当地人奉为"神树"。乡民们还把自己的儿女拜寄给榕树做干儿女，希望能得到神树的庇佑。平乐镇外的骑龙山上现在还保留有南丝绸之路的遗迹，已渐渐为学者游客们所重视。

沿古道继续南行，就到了有"佛道同源"之誉的大邑。大邑县鹤鸣山为中国道教的发源地，汉顺帝时留侯张良的后裔张陵在此建立"正一威盟之道"，后称为五斗米道，张陵号称天师。如今的鹤鸣山上依然是古柏森森，仙云袅袅，道人出入其间，一派人间仙府的气象。与鹤鸣山紧临的雾中山，则历来为古"蜀身毒道"上的佛教神山圣地，有"中国佛法南传第一站"之称，受到历朝历代皇室的敕封。难怪明代状元杨升庵题联，将雾中山誉为"天下无双地，雾中第一山"。

随着马帮的铃声渐渐远去，南方丝绸之路再一路向西南迤逦而行，至雅安荥经县的安靖乡和凤仪乡。这里是全国最大的传统手工艺聚集地，号称"砂器部落"，而近年发现的对研究南方丝绸之路最有价值的文物"何君阁道碑"，则记录着这条上古通道的来龙去脉。出荥经县一路南行，翻大相岭，过汉源，就到了中国彝族聚居的中心——四川凉山彝族自治州首府西昌。凉山彝族的火把节早已是远近闻名的彝族民间文化风俗，而以巫觋仪式和自然崇拜为核心的彝族毕摩文化艺术观光，则成为近年来凉山彝族人文旅游的最热门项目。新中国成立以来，西昌作为航天工业的基地，更是备受中外的瞩目，有"中国休斯敦"的称谓。

南方丝绸之路出凉山后，向南经攀枝花出川，进入云南永仁地界，再经大理、保山、怒江、高黎贡山、腾冲、瑞丽等地，直入缅甸，延伸至东南亚和南亚的广大地区。自此，南方丝绸之路终于完成了从蜀地成都到南亚印度的全部旅程，成为一条名副其实的古代国际经贸与文化的交通线。

四川好玩
Welcome to
SICHUAN
天下四川 熊猫故乡 解读之

4

三星堆
——一个失落的文明

　　三星堆众多奇异瑰丽的青铜器照亮了巴蜀文化史上几近苍白的历史画卷。成都平原史前古城遗址的发现表明,,古蜀文明是源于川西地区、独立发展起来的、带有明显地方特征的长江上游古代文明。

　　无垠而深邃的历史沙漠中到底掩埋着多少失落的文明和未解之谜？面对时间这绵长的隧道，犹如宇宙的浩瀚，人类的视力仍然是浅近而有限的。

　　大约在 3000 年以前，四川广汉三星堆的工匠们创造了一项伟大的工程，复杂的项目中包括制造许多青铜面具和青铜树，耗资之大令后人猜测，那是一个有着非凡国力的国家。那时的人们相信他们祭祀的场所一定是世界的中心，当那棵神圣的青铜树耸立起来的时候，膜拜的人们便实现了天与地的沟通。如今，在月光、星象、舞蹈与火焰映衬下那神秘、玄幻、深沉的仪式只可以在我们的想象中复原。

沉睡数千年，一醒惊天下

约 3000 年以后一个春天的傍晚，农人燕青保及其兄弟 3 人在挖蓄水沟时，无意发现了一处惊天的宝藏。这就是后来举世闻名的"三星堆"遗址。时隔 50 多年后，在 1986 年发掘的两座大型祭祀坑里，出土了 1000 多件美妙绝伦的珍贵文物，引起了世界轰动。这个古文化遗址被世人誉为"世界第九大奇迹"。

美国城市学家刘易斯·芒福德在《城市发展史》一书中曾提出"人类最早的超自然的精神礼仪性、威仪性会聚地点，即各方人口朝觐的目标是'城市发展最初的胚盘'"的著名观点，在三星堆古城址和祭祀坑遗址有鲜明的体现。

20 世纪以来，中国考古界有过多次重大考古发现，从广阔的时间和空间上显示了中华文明的源远流长和灿烂辉煌。广汉三星堆的考古发现，更是举世瞩目，它产生的影响，远远超过了谢里曼对特洛亚城址的发掘，成为 20 世纪世界考古史上一道绚丽的光彩。

"沉睡数千年，一醒惊天下。"三星堆遗址的发现，揭开了川西平原古蜀文明的神秘面纱。庞大的古城遗址、奇异的文物造型、独特的文化背景，标志着一个高度发达的古代文明。这里有许多光怪陆离、奇异诡谲的青铜造型，有高 2.62 米的青铜大立人，有宽 1.38 米的青铜面具，更有高达 3.96 米的青铜神树。而以流光溢彩的金杖为代表的金器，以满饰图案的边璋为代表的玉石器，也是前所未见的稀世之珍。其中神秘而奇特的青铜器，充分展现了古代文明的顶尖成就。国宝级文物"青铜立人像"和"纵目面具"，形体硕大、形象奇特、造型优美、内涵深邃，其别具一格的艺术造型，填补了商周时期中原青铜文明中人物形象缺少的空白，不仅为中原青铜文化所稀有，而且在世界青铜艺术中也是独一无二的。

三星堆的青铜器，是距今 4500 年至 3000 年前的作品。比古希腊的雕塑要早 1000 多年。过去我们总是为中国古代的青铜器没有人物雕塑而感到遗憾，而现在我们发现，我国古代不仅有青铜的人物雕塑，而且是世界上最早的、水平最高的青铜人物雕塑，我们足以为此感到自豪。三星堆出土的文物是丰富

的，不仅是青铜器，它的玉器、金器，其制作技艺之精湛也令人叹为观止。

其中 50 多件青铜人头像在形态造型上既有共同风格，又各具特点，其中有平顶脑后梳辫者，有平顶戴帽或头戴冠者，又有圆头顶无帽或将发辫盘于头上或于脑后戴蝴蝶形花笄者，还有头戴双角形头盔者，等等。这些青铜人头像大都为浓眉大眼、高鼻阔嘴、方面大耳，显得粗犷豪放，极富神采。其中也有线条圆润五官俊秀的造型，充满了青春女性之美，好似英雄群像中的"公主"或巾帼人物。群像中还有数尊戴黄金面罩的青铜人头像，给人以华贵神奇之感，说明古老的东方同古希腊与古埃及一样也早已制作使用黄金面罩了。最奇特的是 3 件硕大的青铜纵目人面像，它们的眼球明显突出眼眶，双耳极大，大嘴阔到耳根，造型极尽夸张，而且眉眼描黛、口缝涂朱，有的鼻梁上方还镶嵌卷云纹装饰物，仿佛是科幻中的"天外来客"。

这些青铜人物雕塑使一个已经失落的古老的巴蜀文明，一个只有茫昧迷离的文献记述而缺乏物化实证的巴蜀文明破土而出、喷薄而发，闪现出灿烂而耀眼的光芒，照亮了巴蜀文化史上几近苍白的历史画卷。其中所蕴涵的丰富的文化和历史信息，掩蔽着众多的扑朔迷离的文化之谜。

一个可以想象又无法猜度的古老时代

人们仿佛穿越时空，重新走进了辉煌闪耀的古蜀时代：眼前耸立着规模宏大的城市建筑和丰富多彩的器物；人们在特定的场合进行宗教神权与祭祀礼仪活动；城乡之间是忙碌在农田和作坊里的人们；车水马龙的街头不时走过脚步匆匆的信差；人们从遥远的北方带回了冶炼青铜的技术，从更加遥远的西域学会了漆染和玉石工艺；每一座城镇都生活着掌握文字的巫师，他们不断地占卜和祈求平安，为不幸得病的人们治疗；每当天空中飞过五彩的鸟儿，人们都怀着一颗敬畏的心去膜拜，太阳则是他们心中永恒的神；早晨给人们带来了希望，日落时分则令人感到无端的恐惧和感伤；源源不断地从冶炼厂里运出的青铜雕像和青铜神树等众多精美的器物只是为了用来膜拜不可知的天际，或者用来与天际搭成一个沟通的神物……

我们既可以想象却又无法猜度那个繁荣的古老时代，怎样的历史事件刺痛并掩埋了这个深藏在中原背后的独特的地域文明。

走进分布范围达 12 平方公里的三星堆遗址，品味这四川境内迄今发现的范围最大、延续时间最长、文化内涵最丰富的古文化、古城、古国遗址，人们无不为巴蜀先民拥有的神秘而博大精深的文明所震撼。这一文明产生的渊源是什么？与中华文明的发源地——北方的黄河流域有着怎样的血缘关系？是否像学者们推究的那样与西方世界的闪米特人有着某种关联？三星堆文明持续了多少世纪，又是怎样突然地沉睡于地下？

惊世骇俗的古代文明遗存的出土唤起了人们对固有的历史意识的怀疑，也带来了对中华文明所展现的独特的艺术审美取向的深层思索。

不得不承认，三星堆文化不仅展现了古蜀人诙谐浪漫、从容大雅的艺术世界和铿訇辩肆、不师故辙的文化心理，同时也为人们深入史籍记载的背后，去探索文明起源的神权阶段的人类社会形态提供了大量的实物证据。

在这些重见天日的物件中，一大批形态各异的人或动植物造型的青铜塑像以及人兽形状的饰件，在以三星堆为中心的古蜀王国的祭祀活动中被大量使用，成为特有的"神权政治"器物的杰出代表。在相对独立的发展历程中，三星堆青铜器孕育了自己奇特新颖的艺术风格，创造了别具一格的美学传统，成为古代东方艺术中的一朵奇葩。三星堆遗址雄辩地证明了中华上古文明的起源是多元一体的，长江流域和黄河流域同样都是华夏文明的摇篮和发源地。因此，作为三星堆文明独特的物质文化青铜器群，不仅是中国长江上游古文明的文化遗产，也是世界古文化的珍贵遗产。

"山川风雨发其姿"，巴蜀地区作为独立的文化区，素有产生百科全书式天才的传统。从司马相如、扬雄、陈子昂、李白、苏轼、杨升庵、李调元到现代的郭沫若、巴金，都是能错综古今的文宗，都具有气势恢弘、纵横恣肆的艺术气质和"控引天地"、"包括宇宙"、"总揽人物"的开阔胸襟以及铺张扬厉、追求浪漫、不师故辙的开放性思维。这些特征均可以在三星堆人诡奇浪漫、怪诞夸张的造型艺术里找到它的美学源头。

三星堆文化源远流长，是历经若干年积淀的结果。就其中的原始宗教崇拜观念而言，它不仅包含图腾崇拜，也存在自然崇拜和祖先崇拜。多层次宗教信仰并存，说明三星堆古蜀人的宗教信仰观在发展过程中，不是简单的更替。当新的观念产生以后，旧观念中仍有功用的文化元素不仅保留下

陶尊形器
EARTHEN CONTAINER
三星堆遗址出土
Unearthed from the Sansingdui Site

来，还与新观念互相渗透、交融，不断积累。

三星堆宗教文化是多层次宗教文化累积的结果。它告诉我们，古蜀人不仅崇拜图腾，同时还崇拜自然。他们崇拜太阳、崇拜高山、崇拜大树，并能在日常生活中根据自己对大自然的观察和理解，把图腾崇拜和自然崇拜有机地结合起来，给宗教注入复合崇拜的新观念。

"三星堆"出土的青铜巫师像、纵目面具、神树和大量祭祀器皿，向人们揭示了距今3000～4800年的蜀族先民不但崇尚祭祀，而且祭祀活动已经由"神人相通"的巫师主持。与历史上传说巫觋在社会中的地位与职能极为相似。

考古者在三星堆2号器物坑一共发现了6件由青铜制造的树木。人们在重新修复它们时，仅能比较完好地恢复一件。而这棵青铜树的残高竟达3.96米，由于最上端的部件已经缺失，估计全部高度应该在5米左右。树的下部有一个圆形底座，3道如同根状的斜撑扶持着树干的底部。树干笔直，套有3层树枝，每一层3根枝条，全树共有9根树枝。所有的树枝都柔和下垂。枝条的中部伸出短枝，短枝上有镂空花纹的小圆圈和花蕾，花蕾上各有一只昂首翘尾的小鸟……这青铜神树显然是一棵具有复合特征的通天神树，它不仅是神话传说中扶桑与若木的象征，而且也是天地之中建木的生动写照。它以神奇的想象力和高超的青铜工艺与造型艺术，生动地表达了古代蜀人的通天观念，赋予了神人交往的象征含义，并将通天神树和太阳神话巧妙地结合在一起。

在三星堆出土的文物中，有一尊高1.71米的青铜巫师人像和高65厘米、宽1.38米、两个眼珠向外突出16厘米的宽面大耳"纵目"的青铜面具十分引人注目。《华阳国志》记载："蜀侯蚕丛，其目纵，始称王"，其墓葬称为"纵目人冢"。纵目青铜面具的出土，自然会被人们与蚕丛联系起来，或者说是蚕丛的一个标志，属于祖先崇拜的范畴。青铜巫师人像头戴花冠、身着长袍（前裾过膝、后裾及地），大眼直鼻，方颐大耳。双手屈于胸前，做握物状，赤脚戴镯，立于铜方座之上。据考证此巫师亦为古之蜀王。

古蜀人特定的"手崇拜"集中表现在大型青铜立人身上。这尊由三星堆2号坑出土的大型青铜立人可能是鱼凫王或某位"群巫之长"的形象。它通高2.62米，头戴太阳花冠，两臂一上一下举在胸前，双手各自握成环管状，手势十分夸张。据笔者掌握的有限资料，三星堆还有一尊头戴三叉高冠的青铜人像，双手在胸前也呈环管状。或许他们作为帝王或是巫师，在祭祀时挥舞着巨大的环管状双手，窥天瞰地，向臣民们传达着上天之意、神灵之意、祖宗之意。夸张的环管状双手大大增加了神秘的气氛，超越了时间、地域和民族的局限性，作为一种可以外在显现的普遍形式，化生成元始天尊的双手而得到了新的生命。

在大立人青铜像的头顶花冠的正中，就有一个圆形的代表太阳的标志。从它所在的位置看，这个大立人青铜像也许就是代表太阳神在行使自己的职能，也许他本身就是太阳神的化身。值得指出的是，在三星堆还出土了众多圆轮状"太阳纹"铜饰件，象征太阳光焰纹圆盘等，这是太阳崇拜的直接表现。

兼容并蓄，让三星堆古蜀文化立于世界文化之林

三星堆古城存在的历史时期是如此之长，使它成为不同时期不同社会经济形态和文化特征的各支蜀文化的"兼容器"。这里有纵目人铜像为表征的采集狩猎时代的蚕丛文化的遗留，有鱼鹰形象为代表的渔猎时代的鱼凫文化的流风，也有以鹰头杜鹃形象为代表的农业时代的杜宇文化的遗韵，同时还是构建中国道教文化基本元素的重要成分。

古代的四川地区有无文字，或者说一些器物上面的符号是图案还是文字，直到今天仍然是学者们争论的问题。三星堆出土的器物上，没有一个文字。但古蜀人有一些符号性的图案看上去是有特定意义的。有一件璋，上面刻有许多图像，所传达的视觉语汇很不寻常。我们从三星堆文化以后的蜀人兵器上能看到许多符号形的图案，它们已经不是简单的图案了。

众所周知，文化的开放性和多元交流是所有文明社会的本质特征之一。世界上任何一个成熟的民族所创造的文化，都不可能是纯之又纯的文化。其形成和繁荣，都是在其自身发展的基础上，吸收、采借了其他文化的优秀成分而发展繁荣的，都是在与其他文化的碰撞、交流、融合中发展进步的。三星堆古蜀文化作为成就辉煌的古代文明更是如此。三星堆古蜀文化与其相邻的中原文化、滇文化，相互影响、渗透、融合；与相距遥远但有经济文化交往的东南亚文明、南亚文明、西亚近东文明甚至欧洲古代文明，有着绵延不绝的联系。通过三星堆古蜀文化的研究，可以看到外来文明因素的影子、元素。开放性、兼容性是三星堆古蜀文化立于世界文化之林的重要文明特征。

成都平原史前古城遗址的发现表明，古蜀文明是源于川西地区、独立发展起来的、带有明显地方特征的长江上游古代文明，成都平原则是它的文明中心。

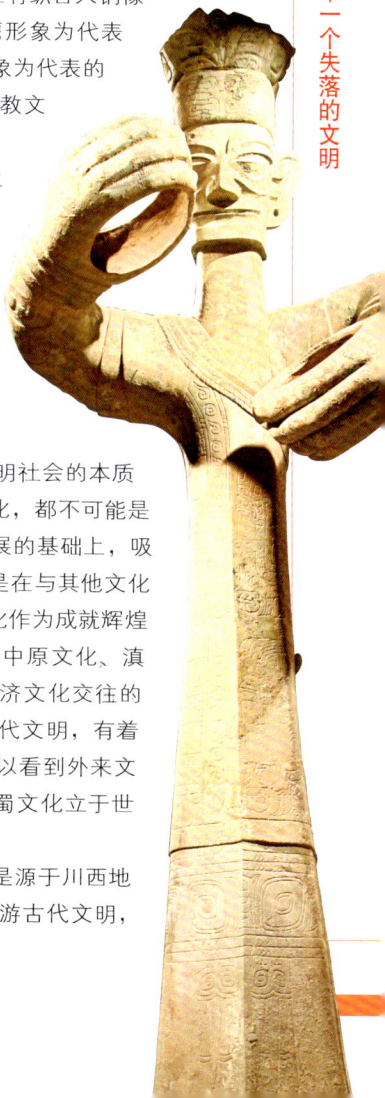

5

四川好玩 Welcome to SICHUAN 天下四川 熊猫故乡 解读之

天府之神，和平共处

多种教派和信仰共处的原生态生活在四川周边的山区同样存在。宗教给人们带来了安宁、微笑、内心的秩序。

多种教派不同信仰带给川人同样的安宁和温暖

与世隔绝的横山纵岭在川西坝子的四周向苍天祈福，为世代栖居在重峦叠嶂中的各族民众寻找一份平安与生活的温暖。在明清两代汉族文化大规模深入蜀中腹地之前，来自各种原生宗教的意识形态弥漫在底层劳动人民身上。宗教自然而然地渗透到了每个人的生活。

四川的各种宗教都有着悠久的历史、文化以及广大的信徒。在彝、土家、羌、傈僳、纳西等民族中还保存着神秘的原始宗教信仰。

很多民族的宗教信仰还停留在"万物有灵"论的阶段。在他们心中万物皆神。以宗教而论，在四川产生的中国最早的道教，它的前身就是"鬼道"，即五斗米道，这是道教早期的一派，是东汉顺帝时张陵在四川大邑县城内创立的。它奉老子为教祖，尊为太上老君，以《老子五千

《文》为主要经典。初学这种道的人，名为"鬼卒"，道徒中骨干称为"奠酒"。以"治"为传教单位，至东汉汉安二年（143）已发展到二十四治，绝大多数分布于今四川境内。历史上全国各地道观林立，四川至今仍有青城山和丰都名山的道教洞天福地存在。

广泛分布在蜀中各地的少数民族都具有浓厚的宗教情结和民族信仰。他们至今仍然沉浸于对古老习俗和信仰的承袭、依赖，在人世的多变和岁月的流转中把对幸福和美的向往交给了祖先和神灵。

彝族人至今仍坚信万物有灵。他们认为宇宙万物为天神所造，土地为衣食之源，水神主宰田地不受水旱之灾，火神可以驱邪等。信仰天神、地神、水神、石神、山神、火神及日月星辰诸神。著名的火把节其实也是具有宗教意义的祭火节。

羌族人如果遇到天旱，人们便举行搜山仪式，祈求降雨。届时会禁止人们上山进行打猎、砍柴、挖药等活动，违者将受谴责或遭痛打。如果仍然不降雨，人们会再到高山之巅主持祈雨仪式。

梅山神是土家族信奉的猎神，猎人出猎前都要先祭祀她。梅山神信仰还有着一个凄美的传说：古时候有一名叫梅嫦的女子，上山打柴，遇

45

到老虎。她在同老虎的搏斗中，衣服被撕破，浑身受伤，但仍拼着力气，最后打死老虎，为民除害。后来人们奉她为山神，加以祭祀。

汉族人经世致用的生活哲学决定了他们缺乏严格的宗教信仰，而这也与儒家伦理体系在中国的正统有着相辅相成的关系。盆地中央的川西平原以"天府之国"的美誉滋润着世世代代的四川人。那里的人们在安详和美好中体验着轻松与闲适。于是，对生活在四川的汉族人来说，诸如祭灶王、药王菩萨、财神一类具有明确目的的仪式行为占据了他们的主要宗教意识空间。每到祭日，人们便纷纷赶来开展祭祀活动，同时，赛歌跳舞，演戏娱乐，十分热闹。这与其说是一种宗教活动，不如说是一种带有集体无意识性的群众娱乐行为。

在更大的空间地域中，四川人的宗教信仰将归属于具有悠久历史的佛教，本土滋生的道教，伴随着历史进程和民族迁徙而来的天主教和伊斯兰教。

佛教：言蜀者不可不知禅

四川悠久的历史和绵长的文明，伴随着物华天宝、人文荟萃的文化底蕴。其中佛教文化更是历经千年沧桑，奉献了无数璀璨的瑰宝，丰富了中华民族文化的艺术宝库，为"既崇且丽"、"蔚为香国"的巴蜀增添了不少智能之光。蜀中自古名刹众多，数不胜数；历代高僧辈出，不胜枚举；佛教文化更是源远流长，熠熠生辉。

佛教在蜀中的传播已有近2000年的历史。在过去，只要涉及对蜀文化的研究，便不得不承认"言蜀者不可不知禅，言禅者尤不可不知蜀"的论断。

隋唐五代时期，四川高僧辈出，仅益州就有高僧28位，是全国高

僧最多的地区之一。唐代四川最有名的高僧是道一和宗密。

　　走在成都的大街上，你不时会被一些古意盎然、仿佛有梵香萦绕的街名、地名所吸引，比如大慈寺路、文殊院街、红庙子街、小天竺街、转轮街，等等。

　　大慈寺路、文殊院街都是众所周知的成都"名街"，前者是以唐代古大圣慈寺而得名，当时为全国第一大寺庙，号称"震旦第一丛林"；后者则是以著名的都市禅林，同样也是初建于唐代的文殊院而得名。红庙子街得名于清代康熙二十七年（1688）所建之准提庵，当时其围墙全涂成红色，老百姓称其为"红庙子"。位于华西医大附近的小天竺街，则得名于"小天竺古刹"，天竺是佛祖释迦牟尼的诞生地，所以这条古街的名字里透出浓浓的禅佛味道。

　　另外，成都还有昭觉寺路、蓥华寺街、白云寺街、楞伽庵街、转轮街、守经街、报恩寺街、喇嘛寺街，等等。据有人统计，至今成都尚保存有118个因寺庙得名的街道，而其中一半以上又都是与佛教寺庙相关的。

　　其实，佛教文化对成都地方文化的影响，又何止区区街名！历史上成都百姓的生活习俗，受到了佛教思想不知不觉的浸染。蜀中百姓历来都有在传统节日到佛寺中游乐的习俗，比如大年初一到寺庙烧高香、二月的观音会、四月的佛诞日、七月的盂兰盆会，乃至中秋、重阳、冬至等传统节日，人们也都习惯于到寺庙里去放生祈福，讨个吉祥。1176年，宦游成都的陆游约一帮朋友去看大慈寺举办的燃灯法会，他看见大慈寺的建筑不禁做诗："万瓦如鳞百尺梯，遥看突兀与云齐。宝帘风定灯相射，绮陌尘香马不嘶。"

　　佛教的长时间流传，对四川地区的政治、经济、思想文化、文学艺术都影响至深，留下了众多宝贵的遗产。石刻、绘画、建筑、文学等都有不少令后人称道的作品。如著名的乐山大佛、荣县大佛以及安岳、广元、巴中、资中的石刻造像群；阆中永安寺、蓬溪常乐寺、广汉龙居寺壁画等一大批元、明佛教绘画精品；藏传佛教的壁画和唐卡，有的历时数百年而图像清晰、色彩鲜明，具有浓郁的民族风格。

　　四川的佛教名胜众多。除了前面提到的成都的文殊院、大慈寺、昭觉寺外，还有唐僖宗避难住过的新都宝光寺；有明武宗敕封的遂宁广德寺以及"西方胜境"灵泉寺；有中国佛教四大名山之一的峨眉山；有在藏族聚居区和川、甘边境一带颇负盛名的阿坝格尔登寺；有藏传佛教格鲁派著名的寺庙甘孜县大金寺、甘孜寺、长青春科尔寺；宁玛派白玉寺、呷拖寺；萨迦派的更庆寺等一大批蜚声海内外的佛教寺庙。

　　作为"佛门圣地"、"天下名山"的峨眉山，历来与名人学士、墨客骚人的咏赞、记述和传播有着密切关系。著名诗人李白、苏东坡留下不少赞美峨眉山的诗篇，至今脍炙人口。在二峨山（古绥山）下不远处的沙湾镇，有现代文豪郭沫若的故居。郭沫若写了不少关于峨眉的诗篇，堪称峨眉诗人，他所书写的"天下名山"题名，已成稀世珍品。

　　乐山大佛位于峨眉山东麓的凌云山栖鸾峰，濒岷江、大渡河、青衣江三江汇流处。佛像是 8 世纪初一座依山凿成的弥勒坐佛造像，建造历时 90 年，是世界最高的弥勒石刻大佛。大佛背负九项山，面向三江汇流，刻工线条流畅，比例匀称，庄严肃穆。佛座南北两壁，存有唐代石刻造像 90 座，其中"净土变"、龛、"三佛"宝堪称艺术佳品，极具艺术价值。

　　佛教对蜀地文化艺术的影响也极大。从蜀地出川而名扬天下的文化名人，如唐代"青莲居士"李白、宋代"东坡居士"苏轼、明代"新都状元"杨升庵等，他们的人品学问都受到了佛教文化的深刻熏陶；他们的作品，皆透出一股既孤标俊逸又自在洒脱的禅意。佛教文化济世度

人、珍视和平的理义，与蜀人"勇且让"的精神气质，水乳交融，成就了蜀地平和而勇担道义的地域人文气质。而佛教圣地峨眉山诸寺、乐山弥勒大佛石刻、新津观音寺壁画等，也都是以深厚的佛教文化名扬世界，成为中国乃至世界人类文明史中的宝贵遗产。

道教：诞生在四川清幽的山川中的朴实自然

从一个地域的历史中描一条人文景观的粗线条，可以发现蕴涵在人们性格中的多元因素。四川复杂的地理地貌包容着人们各种各样的世界观和人生信仰。从佛教中衍生的中国化的禅宗与高山密林的蜀地相辅相成，而这种宗教存在的空间形态也不难让人理解为什么唯独这个地方诞生了中国本土的道教。

东汉汉安二年（143），道教创始人张陵来青城山赤城崖舍，用先秦"黄老之学"创立了"五斗米道"，即天师道。后来张陵"羽化"山中，青城山便以道教发源地和天师道祖山、祖庭名彪史册。汉晋之际，道教逐步兴旺，范长生移居青城山，助李雄建立成汉政权，蜀中一时安定繁荣，天师道成为成汉政权和蜀民的精神支柱。整个唐代更是道教辉煌鼎盛的时期。五代时，道教音乐进入宫廷。青城道士张孔山传谱的古琴曲《流水》，1977年被美国录入镀金唱片，由"旅行者二号"太空飞船带入太空，在茫茫宇宙寻觅人类知音。

道教的理想是修炼成仙，为此选择幽静秀美的名山大川作为修道养生之地，谓之洞天福地。道教有十大洞天、三十六小洞天、七十二福地之说，四川即有许多仙真修道的福地。众多的仙山宫观星罗棋布，装点

着秀丽的巴山蜀水，供人们欣赏、朝拜。

青城山道教自创建至今，宗派繁衍，久盛不衰，香火未断，素有"青城天下幽"之称。这里群山环卫，碧翠四合，状如绿色城郭，唐代即被称为"青城"。道教建筑群自然、古老而悠久，体现出浓郁的中国西南地方特色和民族习俗。

青城山的主庙为天师洞，建于隋代，是一组规模宏大、结构精美绝伦的建筑。正殿里有唐代造的三皇像，历时1200年，至今仍然完好。青城后山名庵古寺荟萃，文物古迹甚丰，有神秘的溶洞，罕见的古墓群，大蜀王的遗迹。这里山势重叠，沟谷幽深，山泉瀑布在奇岩怪石间飞腾而下，势若游龙。修建在悬崖峭壁上的栈道，峰回路转，幽趣横生。

自古以来，人们以"幽"字来概括青城山的特色。青城山空翠四合，峰峦、溪谷、宫观皆掩映于繁茂苍翠的林木之中。道观亭阁取材自然，不假雕饰，与山林岩泉融为一体，体现出道家崇尚朴素自然的风格。

著名的科学史家李约瑟在其《中国科学技术史》中强调指出："道家思想乃是中国的科学和技术的根本。"可见道教在中国宗教文化史上的地位与影响。

伊斯兰教：回族的灵魂所向

成都的青羊宫是著名的道教古观，传说这里是太上老君降生的地方，至唐代其规模已相当宏大。唐玄宗到达四川，曾驻营宫中。唐中和元年（881），僖宗避乱至成都，也在宫中驻营。传说在宫中挖得玉砖一块，上刻"太上平中和灾"。后来僖宗平乱返回长安，认为这是太上老君的恩典，于是颁诏赐钱，大建宫观，内外九重殿宇，气象宏伟，俨然帝王之宫殿。

对生活在四川的回族人来说，宗教依然是他们生命的归宿和灵魂所向。唐末五代时，四川梓州就有波斯人李氏兄妹定居而信仰伊斯兰教。元、明两代回族人民大

批进入四川，至清代达到顶峰，总数约 10 万人。他们集中在成都、绵阳、凉山、阿坝等地区。与他们的祖先一样，他们大多围绕清真寺居住。四川的穆斯林大多属伊斯兰教卡迪林耶派。清康熙年间，麦加人尔卜董拉希携其弟子祁静一在甘肃、陕西及川北阆中一带传教。尔卜董拉希后在阆中去世，祁静一为之建"拱北"，今存阆中巴巴寺内。青川县有卡迪林耶派，河州人马五满拉在康熙年间至此传教，去世后建有薅溪拱北。

如今的四川回族人民仍然沿袭着祖先的信仰。不管生活在什么地方，对真主安拉的忠诚和强烈的集体荣誉感使他们总是成为"少数的多数"。

四川著名的清真寺有：成都皇城清真寺、广元上河街清真寺、阆中巴巴寺等。

西方传教士的足迹

没有人能确切地知道，西方传教士们是从什么时候开始，把目光投向被无以计数的崇山峻岭和大江大河层层隔断的蛮荒之地的。据考证，天主教于 1640 年传入四川；基督教于 1877 年传入四川。

传教士进入四川的山山水水，是怎样艰难的跋涉啊！这里山连着山，仿佛永远没有边，一条条羊肠小道曲曲弯弯没有尽头，陡直的山岩可以阻断人的去路，湍急的河水可以把人吞没，山林里随时会冒出可怕的瘴气，到处是人们敌视的目光和仇恨的眼睛。但是，西方传教士们还是徒步走来了，他们怀藏着一本《圣经》，带着献身的信仰和主的重托，不畏千山万水，来到了深山僻壤之地。在中国这样严酷思想控制的社会

里，传播"异端邪说"是可怕的罪行，更何况他们往往孤身一人，传播一种在许多传统的中国人看来匪夷所思的信仰学说。

1856年，一位名叫洪传广的法国传教士来到四川，他把四川的天主教分为成都和重庆两大教区，并于清咸丰十年（1860）视察了彭县白鹿乡，产生了在这里修建一座天主神哲学院的念头。清同治四年（1865），洪传广买下了一位名叫朱建虎的人的院子和地产，开始筹备建设白鹿天主神哲学院。

应该说这些传教士做得相当出色，他们以百倍的韧劲、千倍的耐心，加上殉道者的勇气去承受现实的危险和磨难，小心翼翼地在民众中传达上帝的旨意。他们甚至采取一些取悦于民众的方法，如宣称入教者可给予医疗救治，无田地者可帮助租地耕种，鳏寡孤独者可入老人院，儿童可免费入学，未婚者可为其配偶……于是，越来越多的中国人走进了教堂，接受洗礼，定期到教堂做"弥撒"，在朝云暮霭中进行祈祷和忏悔，让天国的理想之光笼罩自己。据史书记载，在明清两朝，四川地区天主教徒最盛时达数万人之多，仅白鹿一个镇，就有上千民众接受了洗礼。

天主教和基督教在四川的山山水水不断地播撒着自己的信条。历史依然像一条没有断流的溪流在缓缓流淌，川人赤脚走在其中，或许将感到冰冷之外的另一种暖意。

6

四川好玩 Welcome to SICHUAN 天下四川 熊猫故乡 解读之

诗人故里　诗歌之乡

　　中国历史上最伟大的两位诗人的写作都和四川紧密相联，那些作品的精华与蜀地的灵气，如同孩子与母亲的关系。这种精华、灵气一开始是注定要被历史上的中国诗坛中心排斥的。

　　四川这片精神上"中庸"的土地出人意料地"不产"沉稳敦厚的小说，却"盛产"需要被激情千锤百炼的黄金匕首——诗歌。这固然与中国文化史上对诗歌的青睐相关，但"产自"蜀地的诗歌与其他地方的诗歌相比，因其特殊的气味而显得重要。中国历史上的京城诗歌、江南诗歌受宫廷诗影响过重，以强调技巧的典雅规范著称。蜀地诗歌却如蔓生草木，较少受到拘束，有了华丽夸张的想象，诗人爱在文本中故意自我塑造（如爱好扮演游侠、高人、隐士），更为这些诗歌添加了生命血肉的质感。历史上蜀地诗歌的每一次成熟，都给中国诗坛带来强烈的冲击甚至致命的颠覆。

　　四川具备孕育诗歌的天然土壤。从四川诗人的生活土壤来考察，阴郁的天气、低消费的物质水平、舒缓的生活节奏，以及人与人之间散淡的联系，成就了某种孕育诗歌的作用力——无形中让个体的"人"格外突出；远离文化中心的地理位置，又迫使个体超越寻求与"中心"联系的层次（这也是四川诗人与江南诗人最大的不同），而直接面对高远广阔的"天地"。四川人的思维和生活方式，使得道家思想与"游侠"文化很早就在蜀地找到了恣意生长的沃土。这两样奇异的文化花朵遇到高超的文字才华，便足以诞生四川诗歌这一令天下震惊、山河失色的艺术瑰宝。

中国历史上最伟大的两位诗人的写作都和四川紧密相联，之所以要在这里提及，是因为那些作品的精华与蜀地的灵气，如同孩子与母亲的关系。这种精华、灵气一开始是注定要被历史上的中国诗坛中心排斥的，但是否正好说明了它的有力和有效，预见了它必定取而代之的前景？

公元8世纪初，一个中亚半汉化地区的李姓家族移居蜀中。这家的一个孩子长成少年之时，受到道家思想与"游侠"文化的影响，整日仗剑行侠，兴之所至散尽千金，或者轻率地违抗社会行为准则。这个少年侠客就是李白，夸张至极的行为与绮丽的诗歌使他在蜀地成了名人。8世纪20年代中叶豪情万丈的李白出川，开始沿长江漫游。然而这一次出川和10年后的另一场漫游，都未给李白带来意想中的巨大声名——他的奇异的诗歌和放荡不羁的狂士性格，以及疑点重重的身世背景，都超出了当时以王维为中心的京城诗人圈与孟浩然等重要诗人的审美和交往习惯。他有一些追随者，但没有人认为他是伟大的诗人。孤独愤懑的李白始终游离在诗歌圈子之外，直到离世几十年后，才被韩愈、白居易等确认为盛唐最伟大的诗人之一。

李白诗歌的声音当时只在一个叫杜甫的青年诗人的诗中得到了强烈有效的回响（但这好像就够了）。8世纪40年代中叶，李白的仕途遭遇挫折，他离开宫廷东行。正是在这次旅途中，李白认识了"有前途的青年诗人"杜甫。杜甫是真正理解、爱戴李白的诗人，李白诗歌的影响经过消化后灌注到杜甫那复杂的诗歌个性之中。

与李白相反的是，将近50岁，杜甫才来到四川，一待就是8年，直到去世前两年才离开。在四川的时期，是杜甫诗歌创作的鼎盛时期。他的成都诗歌中，出现了老人成熟的、半幽默的自我形象，其中隐约可以看出来自狂士形象的影响。占杜诗现存数量1/4的夔州（白帝城）诗，时而雄奇壮丽，时而萧瑟凄凉、沉郁顿挫，既格外严谨又极其复杂，是公认的杜诗经典。

四川是中国历史上的诗歌之乡，甚至当代也有人夸张地说，成都是中国诗歌的"首都"。的确，从汉代辞赋家司马相如、扬雄开始，历史上除了刚才提到的最伟大的诗人李白、杜甫，陈子昂、苏轼、黄庭坚、陆游、杨升庵等都与四川有着千丝万缕的联系。20世纪80年代轰轰烈烈的四川诗歌运动，90年代至今四川诗人的个体写作都为当代中国诗坛作出了不可忽视的贡献。而四川和中国诗歌史上最有意味的莫过于李、杜二人生前飘零潦倒，不被推崇认可，死后却成了中国诗歌的代表——两座历史上最具高度的山峰。

现在的四川人幸福地生活在诗歌之中却浑然不觉。和其他地方一样，他们绝大多数不会写诗，也不知道正是类似他们现在的特殊生活节奏，曾经孕育出中国最璀璨的诗歌。三大诗歌纪念点——成都的杜甫草堂、江油的李白故居、眉山的三苏祠，隐没在九寨沟、黄龙等著名风景旅游点的光芒之下，显得遗世独立。

现代四川人对诗歌的态度恭敬而客气，可以用杜甫草堂的一块警示牌来代表，那牌子上写着："诗歌圣地，文明旅游。"

四川好玩 Welcome to SICHUAN 天下四川 熊猫故乡 解读之 **7**

浓郁的民族风情，
灿烂的中华文化

　　成都的大街小巷都有卖五颜六色的藏饰的地摊，商场里都能买到可口的牦牛肉干，而饭店里最受欢迎的则是苗家人发明的酸菜鱼。来到四川游玩的人总不会忘记去看一看古老的羌族建筑——碉楼。

　　从成都出发，沿 213 国道前行 120 公里，会来到传说中大禹的出生地——石纽山下的绵虒镇羌锋村，也就是著名的"西羌第一村"。这个景美情浓的河坝古寨依旧保留着古老朴素的习俗。整个羌寨顺坡而建，别致有序，形如古堡，地面上曲折的巷道相连，石木的房屋看似凌乱其实有序，而羌碉则傲立寨中，远眺江河与山脉，捍卫着这个民族的根与血脉。石级小巷中不时闪现出心灵手巧的羌女织羌绣。屋顶、火塘和田地里散落着羌人心中的图腾——白石。远方的耕牛、山麓的溪水、优美的莎朗舞和动人的山歌，再加上果园、羌歌、羌舞，使人顿有恍若隔世之感。而这仅是四川地区民族生活的一个缩影。

四川是一个少数民族聚居的地区。事实上，各民族早在先秦时代就创造了灿烂的古代文明，广汉三星堆文化就是当时高度文明的杰出代表。四川盆地的东西两侧一直是少数民族的传统居住区，这种状态迄今没有多大改变。在层层叠叠的山峦、茂密的原始森林和奇幻诡异的水生生态环境中，世代栖居的人们几乎完整地保留了数千年的古老文化。他们在此生息繁衍，不问外事。如果外人偶然进入这里，会觉得仿佛置身于世外桃源。

羌族：中华民族文化的"活化石"

当人们走进四川西北部因石碉建筑而被誉为"千碉之国"的古老而美丽的羌族土地，一座座碎石砌筑的高大碉楼或高踞山岭之巅，或雄峙危崖之上，或扼交通要道之冲，或守山川形胜之险，或据村寨之内外，或傍昔日土司头人官寨衙署，山山岭岭，村村寨寨，无处不有。仅卡撒一寨便有石碉300余座。在昔日充满血腥的民族冲突中，碉楼保护着自

己的民族从风霜雪雨中绵延到了今天。这些奇峰异质的古老建筑折射出一个民族的性格和历史的沧桑，让人感到别样的风情。

过去，羌族男子年满 15 周岁时有举行成年礼（冠礼）的习俗，这意味着他将随时走向战场。如果他在未来的岁月里战死沙场，将会在葬礼上受到隆重的待遇。许多人头戴铠甲，手持兵器，围成圈跳舞，接着形成两排对阵，兵器飞舞，铜铃叮当，吼声震天，表现死者作战时的威武气概。

"重死"是羌族的文化情结，在羌人看来"人有生错的，没有死错的"。火葬是羌族人常用的丧葬方式。

英国牧师托马斯·托伦士在《青衣羌——羌族的历史习俗和宗教》中说羌人："死人时，要供奉祭品，死者都火葬。"清代甘肃《文县志》记载当地羌族人"葬礼不知成服，唯聚薪焚之"。可见羌族人很早就开始了火葬的习俗。火化前家属会请来端公念咒，然后将棺木抬到火葬场所。那里有一座可以移动的小木屋，里边供奉着本族历来的神位，此时将木屋移运别处，而把应火化的棺木放在原处，然后四周堆放柴火连棺火焚。这时死者亲人围坐，并跳丧舞。焚化之后，将骨灰埋在地下或岩穴。

来到羌寨的旅人有可能遇到当地人正在进行独特的游戏。热情的主人会邀请你参加推杆、抱蛋、打靶，或扭棍子、爬天杆、荡秋千等娱乐竞技活动，让你感受独特的民族风情和无穷的生活情趣。

　　推杆比赛是羌族地区最为普遍的一项体育活动。比赛时，只需要一块两丈见方的平地，用一根长约一丈、手臂一般粗细的木杆，一人紧握一端，并将木杆骑在两腿之间作为防守；另一人则握着木杆的另一端，用力向前推，作为进攻。攻守双方面对木杆须保持水平，不能上下摇摆或忽然猛推；进攻的一方必须将木杆向前推至两尺以外的界线处才算获胜，否则被判失败。裁判由村寨的长者或有威望者担任，以击掌 5 次限定一个回合的时间。推杆比赛由于防守的一方较为省力，进攻者可逐渐增加人数，直至胜利。比赛时，围观者以呐喊声为之助阵，使比赛显得紧张热烈。比赛结束后，姑娘们抬出一坛坛醇香的咂酒，首先向胜利者敬上一碗，然后众人用细管吸饮，相互庆贺。

　　"祭山会"和"羌年节"是羌族最隆重的民族节日，分别于春秋两季举行。春季祈祷风调雨顺，秋后则答谢天神赐予的五谷丰登，实际上是一种春祷秋酬的农事活动。由于这种传统的悠久，在外人看来，始终充满浓郁的宗教色彩，更折射出远古神秘文化的光辉。

彝族：大凉山上的自由之子

　　盛夏，当大凉山绿草如茵，荞子花红遍的时候，四川彝族地区一年一度的盛大"火把节"就到了。时间一般在农历六月二十四到二十六这三天。具体要由寨子里德高望重的长辈按照古老的计时历法来确定。

彝族的祖先是从西北高原南迁的羌人与本地的古老部落融合而成。汉代的窄都夷、斯榆、冉、昆明，唐代的白蛮和乌蛮，与后世的彝族有渊源关系。经历过漫长的母系氏族和父系氏族的原始社会阶段，公元2世纪前后，今凉山彝族的祖先古侯、曲涅的居住地"孜孜扑乌"（今云南昭通）已进入阶级社会，此后这两支彝族先民先后渡过金沙江迁入凉山，并在这块美丽的土地上生存了下来。

"火把节"对彝族同胞来说，如同汉族的春节一样隆重。彝族人有句谚语："火把节没有看错了的，彝族年没有过错了的。"之所以如此受到重视，是因为传说"火把"曾保住了彝族人的家园，带来了彝族地区一年一度的丰收。

旅人们平时来到大凉山，主人们会热情地招待。如果在火把节期间来到这里，那他可真是赶上了好时候。好客的彝族人将会"打羊"、"打牛"迎宾待客。根据来客的身份、亲疏程度，分别以牛、羊、猪、鸡等相待。在杀牲畜之前，主人会把活牲畜牵到客人前，请客人过目后宰杀，以表示对客人的敬重。酒是敬客的见面礼，在凉山只要客人进屋，主人必先以酒敬客，然后再制作各种菜肴。待客的饭菜以猪膘厚为体面，饭桌上会有独特的荞粑、面糊酸菜肉、白水煮乳猪、锅巴油粉。吃饭中间，主妇要时时关注客人碗里的饭，未待客人吃光就要随时加添，以表示待客的真诚。如果有幸，你还能听到当地的人朗诵民间流传的诗歌《勒俄特依》、《玛木特依》或《阿姆尼惹》。

藏族：为宗教而生的民族

公元7世纪时，藏王松赞干布在西藏建立了王朝，唐宋时称其为"吐蕃"，直到清康熙年间，才正式称为"西藏"。藏语属汉藏语系藏缅语族藏语支，分卫藏、康、安多三种方言。藏族文化独特而完整，其宗教仪式、建筑、音乐、舞蹈、绘画、雕塑、服饰等，无不以其浓烈的高原风格遗世独立，征服了现代人的审美渴求，甚至形成了当今世界的一种强劲的风尚。

藏族人在迎接客人时除用手蘸酒弹三下外，还要在五谷斗里抓一点儿青稞，向空中抛撒三次。酒席上，主人端起酒杯先饮一口，然后一饮而尽，主人饮完头杯酒后，大家才能自由饮用。饮茶时，客人必须等主人把茶捧到面前才能伸手接过饮用，否则认为失礼。吃饭时讲究食不满口，嚼不出声，喝不作响，拣食不越盘。

敬献哈达是藏族待客规格最高的一种礼仪，表示对客人热烈的欢迎

和诚挚的敬意。"哈达"是藏语，即纱巾或绸巾。哈达以白色为主，最好的则是蓝、黄、白、绿、红五彩哈达。五彩哈达只用于最高、最隆重的仪式，如佛事活动时。

绝大部分藏族人以糌粑为主食，特别是在牧区。糌粑是把青稞炒熟磨成细粉，食用时拌上浓茶或奶茶、酥油、奶渣、糖等。藏族人多食用牛、羊肉，肉类的储存多用风干法。一般入冬后宰杀的牛羊肉一时食用不了，多切成条块，挂在通风之处，使其风干。酥油是日常不可缺少的食物，除饭菜都用酥油外，还大量用于制作酥油茶。酸奶、奶酪、奶疙瘩和奶渣等也是经常制作的奶制品。

藏族大多信奉藏传佛教，民族节日也均与宗教活动有关。每年藏历正月十五，是观酥油花灯的节日；四月十五日则是纪念佛诞和文成公主入藏的吉日良辰；除此之外，还有萨噶达娃节、雪顿节、望果节等。

藏族的寺庙建筑以土木石结构相结合，以木结构为主。大经堂通常为三层建筑，墙体用块石砌成，厚而窗子小，给人非常浑厚稳定的感觉。底层用朱红色棱柱，柱头部分雕刻立体图案，上面托着粗大替木。在墙体上方，多用棕红色的饰带，上面缀上镏金铜镜等装饰物。房檐四周竖有镀金金幢，上有风铃，房顶正面中间是金法轮，两面为护法兽等。

藏族最具特色的艺术，也是依附于佛教寺庙或与宗教活动相关。在美术方面以唐卡绘画、佛像雕塑为代表；音乐舞蹈方面则以寺庙宗教音乐、戴面具跳神活动、格萨尔藏戏等为主。而藏族的民间艺术则是以集体歌舞为主，比如跳锅庄、跳弦子等活动。

61

四川好玩
Welcome to
SICHUAN
天下四川 熊猫故乡
解读之

8

熊猫的故乡

　　美国好莱坞动画片《功夫熊猫2》今年在中国大陆上映，功夫熊猫"阿宝"重出江湖，以其独特的想象力和精湛的中国武功再次征服了全世界观众。据说，在首个周末的票房收入就达到1.2亿元人民币，不仅超越了十几年前《狮子王》的票房，而且也会毫无悬念地打破3年前《功夫熊猫1》在中国创下的1.8亿元人民币的动画片票房纪录。全世界喜欢阿宝的观众，在欣喜若狂地"品尝"视觉盛宴的同时，不禁会联想到大熊猫以及熊猫的故乡。

发现大熊猫

早在 1869 年的春天，法国神甫戴维在四川宝兴传教，闲余时间喜欢采集生物标本。某日，戴维在采集标本途中路过一户姓李的人家，主人热情地让他们到家中去用茶点。突然，一张黑白相间的奇特动物皮深深地吸引了戴维。主人告诉他：当地人叫这种动物是"白熊"、"花熊"或"竹熊"，它很温驯，一般不伤人。主人还告诉戴维，如果运气好他就会看见这种动物的活体。戴维异常激动，他估量这种动物"将是科学上一个有趣的新品种"，这次发现将填补世界动物的一个空白。 为了得到这种奇特的动物，戴维雇佣了 20 个当地猎人展开搜捕，几个月后，猎手们终于给戴维带来了喜讯：捕到一只"竹熊"！经过戴维的认真思考，他给"竹熊"取名"黑白熊"，并且，决定将"黑白熊"带回他的故乡法国。

然而，不幸的是，这只可爱的"黑白熊"经不起长途山路的颠簸和气候的不断变化，还没运到成都就已经奄奄一息了，戴维只好非常惋惜地将这只"黑白熊"的皮做成标本，送到法国巴黎的国家博物馆展出。世界上的第一只大熊猫模式标本就这样产生了。

经法国国家博物馆博主任米勒 • 爱德华兹充分研究后认为：它既不是熊，也不是猫，而是与中国西藏发现的小猫熊相似的另一种较大的猫熊，便正式给它定名为"大猫熊"。 1939 年，重庆平明动物园举办了一次动物标本展览，其中"猫熊"标本最吸引观众注意。它的标牌采用

了流行的国际书写格式，分别注明中文和拉丁文。但由于当时中文的习惯读法是从右往左读，所以参观者一律把"猫熊"读成"熊猫"，久而久之人们就约定俗成地把"大猫熊"叫成了"大熊猫"。台湾有家报纸曾撰文给"熊猫"正名，但人们已经习惯，反而觉得"猫熊"不那么顺口了。

自从人们发现了大熊猫，这种号称活化石的珍稀动物就与四川密不可分了。

国宝大熊猫

大熊猫是一种有着独特黑白相间毛色的活泼动物。它的拉丁名：Ailuropodamelanoleuca，指的就是它黑白相间的外表。成年熊猫长120~190厘米，体重85到125公斤。特征包括：大而平的臼齿，它的一根腕骨已经发育成了"伪拇指"，这都是为了适应以竹子为食的生活。大熊猫体形肥硕似熊，憨态可掬，但头圆尾短。头部和身体毛色绝大多数为黑白相间，即鼻吻端、眼圈（呈"八"字排列）、两耳、四肢及肩胛部（横过肩部相连成环带）为黑色，其余即头颈部、躯干和尾为白色。腹部淡棕色或灰黑色。

大熊猫的食谱非常特殊，几乎包括了在高山地区可以找到的各种竹子，大熊猫也偶尔食肉（通常是动物的尸体，有时也吃竹鼠）。大熊猫独特的食物特性使它被当地人称作"竹熊"。竹子缺乏热量，只能提供生存所需的基本营养，大熊猫逐步进化出了适应这一食谱的特性。在野外，除了睡眠或短距离活动，大熊猫每天取食的时间长达14个小时。一只大熊猫每天进食12~38公斤食物，接近其体重的40%。大熊猫喜欢吃竹子最有营养、含纤维素最少的部分，即嫩茎，嫩芽和竹笋。大熊猫栖息地通常有至少两种竹子。当一种竹子开花死亡时（竹子每30~120年会周期性地开花死亡），大熊猫可以转而取食其他的竹子。但是，栖息地破碎化的持续状态增加了栖息地内只有一种竹子的可能，当这种竹子死亡时，这一地区的大熊猫便面临饥饿的威胁。

化石显示，大熊猫祖先出现在200万~300万年前的洪积纪早期，距今几十万年前是大熊猫的极盛时期，大熊猫的栖息地曾覆盖了中国东部和南部的大部分地区，后来同期的动物相继灭绝，大熊猫却孑遗至今，并保持原有的古老特征。所以，有很多科学价值，因而被誉为"活化石"，中国把它誉为"国宝"。以前，大熊猫曾经生活在低山河谷，现在已经成了居民点，如今，

大熊猫只能生活在竹子可以生长的海拔 1200~3400 米。众所周知，大熊猫分布范围已十分狭窄，仅限于中国的秦岭南坡、岷山、邛崃山、大小相岭和凉山局部地区。具体从北往南依次分布于：陕西秦岭，四川、甘肃交界的岷山地区，邛崃山系，大相岭，小相岭和凉山山系等六个狭长的山系。这些地区目前保存了全世界 30% 以上的野生大熊猫，是全球最大、最完整的大熊猫栖息地，也是全世界温带区域中植物最丰富的区域。据最近一次大熊猫调查公布的数据，中国的大熊猫总数接近 1600 只。

因此，毋庸置疑，四川是目前大熊猫最适宜生存的地方，是大熊猫的故乡。

友好使者大熊猫

从古至今，大熊猫一直被看做中国的"友好使者"。据史书记载，早在公元 685 年，武则天就曾赠送给日本天武天皇两只大熊猫。1936 年至 1945 年，中国国民政府向西方国家赠送了 14 只熊猫。新中国成立后，熊猫去处更是反映了当时的中国外交政策：50 年代，中国分别向苏联和朝鲜赠送过熊猫；70 年代，随着中国外交政策的变化，中国的大门逐渐向西方开放，熊猫也再次作为"友好使者"在西方走红，美国、日本、法国、英国、西德、墨西哥和西班牙相继从中国政府获赠大熊猫。

1999 年 3 月，中央政府赠送给香港一对大熊猫"佳佳"和"安安"，入住香港海洋公园。为庆祝香港回归祖国和特区政府成立 10 周年，2007 年，中央政府又特别赠送给香港一对大熊猫"乐乐"和"盈盈"。 2010 年，中央政府向澳门特别行政区赠送一对大熊猫"开开"、"心心"。 特别值得关注的是，2008 年 12 月，大陆人民赠送给台湾同胞的大熊猫"团团"、"圆圆"，表达了海峡两岸的骨肉同胞思统一、盼团圆的强烈民族愿望。2009 年 1 月 26 日大年初一，团团、圆圆在台北市立动物园正式与游人见面，当时的台北万人空巷，争睹国宝，盛况空前。

四川好玩
Welcome to
SICHUAN
天下四川 熊猫故乡 解读之

9

四川人，盆地客

他们深受传统文化的熏陶，温文尔雅但城府深，坚韧能干而因循守旧；他们洞达细心，从不放弃丰富多彩的闲情逸趣，但他们稍欠气象恢弘的王者之气、纵横江湖的霸气，即使偶露峥嵘，更多的是自卫而已。

自从伟大的水利工程都江堰建成后，四川盆地便成为一只巨大的金饭碗，它一直是中国最著名的粮仓之一，川人躲在其中优哉游哉自成一统。

明崇祯五年（1632）到清康熙十九年（1680）的近半个世纪里，四川历经了大破坏、大移民、大复兴的千古嬗变。据《清代四川财政史料》记载，1578年四川的人口数为3102073人，至1685年锐减到92000人，漫长而惨烈的战火使丰饶的天府之国成了人烟稀少虎狼横行的荒野。当大清第一任四川巡抚张德地走马上任时，连赋税都征收不到，触目惊心的荒凉程度令他欷歔不已。

局势稳定下来后，清政府实施了大规模的移民入川政策，移民多来自湖南、湖北、广东、福建、陕西等省。政府在赋税、路费、耕牛、种子等方面给予了大力支持，能招募 300 户人家入川的人，甚至就能当县太爷。璧山县《郑氏家谱》上的一首歌谣，生动地记录了当时的历史："吾祖辈家西徙去，途经孝感又江。辗转跋涉三千里，插占为业垦大荒。被薄衣单盐一两，半袋干粮半袋糠。汗湿黄土十年后，鸡鸣犬吠谷满仓。"经过一个世纪的发展，到 1795 年，四川人口激增了近百倍，达到近 900 万，千里沃野上人口稠密，香车宝马随处可见。至 1949 年，全国 4.75 亿人口中，四川就占去了 5370 万。

中原汉族势力是在秦汉以后才逐渐涌入四川的，在漫长的岁月里，四川曾经是巴、蜀、濮、羌、藏、彝、土家、氐、纳西等多种民族的杂居地，他们中的大多数人早已融入汉族文化中。清初"湖广填四川"移民大量涌入后，川人的血统更加庞杂。清代以后的川人并不排外，因为他们的祖先当初大都是翻山越岭跑到四川来的外地人。

秦汉之后，巴山蜀水从未丧失过孕育人才所需要的地气。西汉初年蜀郡郡守文翁用石头在成都垒建了全国第一所地方性的官学（文翁石

室），此后，在良好的儒学传统与伟丽的巴山蜀水的融合下，四川盆地成了中国历史上的一大人才聚宝盆。我们注意到作为人才聚集区，八百里秦川在唐代后随着山水的日益枯竭，人才亦随之剧减，北宋以前涌现人才最多的河南在此之后盛况不复存在，江南才子在南宋后才蓬勃兴起如日中天，湖南人俊彩星驰独领风骚的状况是在清代中期后才出现的。唯有四川盆地两千年来龙脉旺盛，人才辈出未有间断，与之相邻的西部各地远不能望其项背。

四川人普遍温和而讲究伦理，有一种与土地水乳交融的"家庭精神"（黑格尔把中国文化的主旨概括为"家庭精神"）。他们缺乏中国北方历史上的尚武精神，但又不似吴越一带江南人那样婉蔼柔弱。他们缺乏杀气但同时潜藏着山地人特有的野性，这种野性使他们敦厚朴实中交织着狡黠的性情。川人向往相对闲散舒适的生活，与生俱来就有一份闲心，他们懂得调侃，懂得如何在逆境中精心地营造属于自己的悠闲气氛。他们是中国人中最精于烹调的一个群落，吃在日常生活中是雷打不动的头等大事，他们大都烧得一手好菜，尤其酷爱吃辣椒和花椒。在必要的时候，他们也能爆发出猩红色辣椒般的热情来。

那种认为川人风风火火、热情大方的观点是不确切的。在历史上盆地内的川人也明显有着南北差异。成都人性情闲雅飘逸，对人彬彬有礼，易于交往，善于"吹牛"，几人聚在一起便是停不下的"龙门阵"。注重实际利益，胆小怕事却喜欢提劲。他们为人干练中庸，天性敏感，感情细腻，不断为生活中琐碎的小事所累，同时能从中寻觅出美来。成都人是川人中禀赋超群、深谙生活之道的一个群体，他们精细如美丽的蜀锦。

从总体上说来，川人刚柔相济，性情温润、幽默、包容。

他们深受传统文化的熏陶，温文尔雅城府深厚，坚韧能干而因循守旧。他们洞达细心，从不放弃丰富多彩的闲情逸趣。以成都为例，这座西南最繁华的城市有三多——茶馆多、饭馆多、球迷多。川娃儿迷球迷得厉害，铁杆儿球迷一群群，20 世纪 90 年代，偌大 4 万人的市体育场，就算踢得再臭的球也是场场爆满，最臭的球也能使他们流连忘返、大侃特侃，球场里人山人海，鲜黄的大旗高高飘扬，大旗下川娃儿们"雄起"之声不断，地动山摇的吼声和群情激昂的人浪使人为之震撼。川娃儿为了看场球，甚至可以坐满满两列火车去西安给球队加油，可以乘轮船沿江直下上海，可以雇飞机去新加坡，真是水陆空三军倾巢而动。许多外地人自愧弗如地敬仰起川人的那份洒脱与激情来。然而要真让这些人操起家伙去场上遛遛，他们就摇头不干了，在战争与和平之间，川人更愿意选择后者。

然而出川，对川人来说则是意味深长之举，就像闪电滑出云端，隐伏着坚韧的骚动和激烈的诗情。在希腊神话中，巨人安泰的母亲是大地之神盖娅，只要安泰身不离地，就能源源不断地吸取母亲的力量。对北出剑门、东出夔门的川人来说，古老的盆地便是他们的盖娅。

俗话说：川人留川磨成牛，川人出川惊海内。出川的时刻，就是出招儿的时刻。古有司马相如、扬雄、严君平、法照、陈子昂、赵蕤、李白、袁天罡、马祖道一、陈抟、苏轼、范祖禹、杨慎、李调元，今有邓小平、朱德、陈毅、张大千、郭沫若、廖平、谢无量、能海、袁焕仙、巴金、张群、刘湘……有谁不是中国历史璀璨星空上的一颗明星？

四川妙玩 Welcome to SICHUAN 天下四川 熊猫故乡 解读之

10

麻辣四川，
食在天府

饮德食和，万邦同乐。中华美馔，莫妙于川。

在中国（或许在世界上），没有任何一个地方的人比四川人更爱吃。四川人对食物的专注、追逐和兴趣喂养着"川菜"从秦砖汉瓦的高堂正厅之畔伴随着袅袅炊烟，绵绵不绝地飘到了今天。如今，对泱泱九千万的四川人而言，口福就是幸福的一大部分，饮食是一座最容易兑现的天堂。川菜浓郁的味道和深厚的历史积淀浸透在川人的血液里，随着他们飘游的身影向四方散逸。

以食为天，以食为乐

四川人真的是以食为天，以食为乐。他们对吃的痴情和投入对一个北方人来说甚至有些过分，真可谓印证了孔夫子"食不厌精，脍不厌细"的古训。如果你去蜀中的名山大川旅行游玩，不小心踏进了封闭在山麓水畔的某个人家，会发现黑黢黢的土制的房屋里也许一贫如洗，房梁上却挂着至少半扇熏猪肉和一排垂下来的腊香肠。黝黑的、附着尘土的熏制品装点着简陋的厅堂，在主人淳朴的眼神里映射出一份对生活的满意。他们崇尚吃，不仅是为了生存，更是为了享受吃所带来的精神与情感的快乐。在吃中品味人生，在吃中享受生活，在吃中抒发情感，从而使"味在四川"这句谚语拥有了更多地域气息浓郁的意趣和情趣。在北方，一个闲暇的人若是嘴里总是嚼东西，别人就会冠之以"嘴馋"。四川人则完全没有这份含蓄，他们不仅要自己吃，还邀请别人一起吃。你若问他不饿干吗吃东西，他就说"吃起耍"。

在成都，无论什么季节，黄昏以后的府南河都漂浮着水声灯影里的温馨和暖意，潮湿的空气中弥漫着清润的气息，鳞次栉比的街道两旁涌动着吊脚楼细瘦的气韵。干净的、没有尘土的饭庄里茶碗清凉、人声鼎沸。破损的地砖和承梁的软木凝神不动，在柔和的光线中彼此注视时光在它们身上泼洒的些许沧桑。车水马龙的街头时常会传来消逝已久的堂倌的喊话。清脆的嗓音里积蓄着这方水土在他们身上生息的随和。每一条街道都为你铺开了长长的一溜儿饭馆，以及摆在路边的各式小食摊。小巷人家的厅堂院外飘拂着回锅肉、卤煮火烧或小火锅的辛辣香味。人们围在冒着热气的麻辣烫小桌边吸吸溜溜地品尝着竹签上的美味，或挤在一个不起眼的饭店里要一份啤酒鸭，就着烧酒摆一会儿龙门阵。孩子们在大街上嬉戏，手里抓着兔头、鸡爪或猪尾巴。每一个小区、街道都有叫卖冒菜或烧烤的小摊子。空气里总是适时地飘动着"三椒九味"的分子。身材颀长、肤如蛋白的女子小心翼翼地举着手中的小吃，身体前倾，生怕吃东西的时候弄脏了漂亮的衣服。漫步在这样的环境里，人会有些迈不动脚步。这就是天府之国的成都。几乎所有人都把生活的乐趣建立在生命最根本的欲求——吃上，在这儿是一个快乐的主题。对成都人来说，早市上的粮食和蔬菜或许就是一个个浪漫的音符。它们堆放在

一起，像一曲即将飘扬起来的交响乐把人们推向了对一份美食的无限向往。

在这里，什么样的食物都可能得到改造和创新，也没有什么东西不能在这里落脚。凡是能吃的东西，人们都愿意尝一尝。并在这一尝之间品出此物的材质和习性，也许仅是简单的一勺一芡，就变换出一道新的美味。在成都，就连菜的预备阶段——买菜——也十分具有创新意味。你要是懒得自己切，有切现成的片、丝、块……你要是懒得调配，有调配现成的回锅肉、水煮肉、鱼香肉丝、酸菜鱼……应有尽有，你只需拿回家下锅即可。再不然，就直接下馆子。四川的城市里到处都是散落的饭馆，不论大小俗雅都能出得来正宗的味道。饭店的消费也是异常便宜，很多地方米饭是免费的，永远吃不腻的泡菜也是。饮食在这里随时会发展出一种新时尚。比如这段时间流行盐水鸡，过几天会出现狗肉火锅，再过几天又流行"一兔三吃"……总而言之，变才是川菜的常态。

大麻大辣，国色天香

川菜素有"一菜一格，百菜百味"的美誉。这绝非浪得虚名。因为四川人太爱吃了，愿意在吃上进行探索和研究，这也是川菜得以发展为当今中国最有影响的菜系的原因之一。在吃这个问题上，四川人不大谦虚，他们喜欢香汤辣水的滋味生活。他们受不了清淡的日子，很多第一次到外地，尤其是到北方的四川人总是抱怨饭菜没有油水，这基本上就快要了他们的命。

对于中国人而言，四川就是一个饮食的天堂。这个看似平淡的地方有着太多得天独厚的条件，从久远的年代就发展出了特色浓郁、口味齐全的菜肴体系。在烹饪上，有几十种方法，更是独创了小炒、干煸、干烧、家常烧等方法。川菜有几十种味型，最让人难忘的莫过于麻、辣二味。高手烹调的川菜，讲究的就是辣得爽口，辣得有韵味，辣有微辣、香辣、麻辣、咸辣、冲辣等轻重层次。如果一个初来乍到的外乡人没有经过一段磨合期，突兀地在饭馆里点了诸如"麻辣肉丝"这样的品种，那对不起，这道菜阁下算白点了，实在是麻辣得吃不下呀——嘴都没感觉了，还吃个什么味道。然而一个人在四川住久了之后，便会深得麻辣的妙处，想离都离不了。

川菜之所以发展出大麻大辣的特点，并不是一个偶合的现象。这与四川盆地独特的地理环境、气候有着密不可分的关系。首先，四川地区的"两椒"及"两椒"制品品种极其繁多。其次，位于中国西陲的巴蜀，由于气候温热潮湿，生活在这种气候和自然环境中的人，无论从生理和味觉上，都会对辛辣芳香的食物产生一种自然的需求，以刺激味觉，摄入较多对身体有益的养分，来满足人体代谢的需要，抵御疾病的侵袭。如此说来，在四川生活久了，连不喜欢吃辣的人都要改变食性啦！早在公元前316年之前，秦统一六国夺取蜀国时，姜、花椒等辛香调味品，就已成为巴蜀地区的风味特产。《吕氏春秋·本味篇》曾有"和之美者，阳朴之姜"的记载；《蜀督赋》中亦有"魔芋酱流誉于番禺乡"的描述。其实川菜之所以广受各地人们的垂青很大程度也归功于"辣"，辣椒不仅中国人爱吃，更是"誉满全球"的嗜好性食品。它之所以深受世界各国人民的喜爱，除了独特的口味外，还与它富含维生素和铁等矿物质有关。

如果循着历史隐秘的轨迹追寻，我们将至少在西晋时期就遇到自成一系的川菜的雏形。"沃野千里，土壤膏腴"的成都平原利用平缓的地势、纵横的沟渠，以及历千年而不倒的发达灌溉系统为这里的人们提供了源源不绝的饮食资源。这是一片固守在盆地中央的人间乐土。因为自然条件优越，不愁吃穿，所以蜀人逐渐形成奢靡风俗，人们总是浸淫在吃喝玩耍的氛围中，这也进一步促进了川菜的成形。到了秦汉两代，物产丰富的"天府之国"使得川人的饮食结构得到更大发展，经历了隋唐五代，到两宋时期已经走出四川传至全国各地，至清末民初已经形成相对独特完整的菜系。之后，从辛亥革命到抗战，中国烹饪各派交融，给川菜以深刻的影响，使之更加丰富，并在全国范围内流行起来。川菜独特的风味夹带着一种地区文化向全国乃至全世界蔓延，并渐渐被人们接受和喜爱。近年来，各种火锅店和川菜馆在全国的大街小巷安家，越来越多的人已将舌头沉浸于川菜的麻辣之中，也已将自己融入川菜文化里。

中国历代的文人雅士，凡是品尝过川菜的都是赞不绝口。唐代诗人杜甫有"青青竹笋迎船出，日日江鱼入馔来"的诗句。南宋诗人陆游不但会做，而且很懂得烹调技术。他长期在四川为官，对川菜兴味浓厚。唐安的薏米、新津的韭黄、彭山的烧鳖、成都的蒸鸡、新都的蔬菜，都给他留下了难忘的印象，离蜀多年后仍是念念不忘，晚年曾在《蔬食戏作》中咏出"还吴此味那复有"的动情诗句。此外陆游还在诗中称道了四川的韭黄、粽子、甲鱼羹等食品。近代著名的作家李颉人更是亲自开过川菜馆。可见他已经不满足于单单享用，而是要深入美食的背后去探个究竟了。

那么川菜之所以大行其道背后的秘密到底是什么？大概还在于一个"香"字。正是这"香"成全了川菜。川菜的魅力就在于有味，在于味的变化多端，味是川菜的灵魂。四川境内江河纵横，树木四季常青，烹饪原料多而广，既有江河里的蟹鳖鱼虾，又有山区的野味山珍；既有四季不断的多种新鲜蔬菜和笋菌，又有肥嫩味美的各类禽畜；还有品种繁多、质地优良的种植调味品和酿造调味品，如郫县豆瓣、永川豆豉、叙府（宜宾）芽菜、南充冬菜等，都为各式川菜的烹饪及其变化无穷的调味，提供了良好的物质基础。这么好的资源条件造就的川菜想不好吃都难。这也是川菜之所以在中国乃至世界得以立足和传播，深受人们钟爱的根本原因。无论是做工复杂的大菜，还是简单易制的家常菜都能让你本来谦逊的胃口大开。什么菜都有味，而川菜的味专门能下饭，下了

饭就舒坦了，这是川菜最原始的魅力。而它最大的魅力还在于人味。吃什么菜就造就什么人的性格，四川人的性格就是泼辣、细腻、顽强，像川菜一样靠谱。泼辣是因为吃麻辣，浑身毛孔贲张，刷刷地往外冒，舌头都烫直了，实在没工夫和你细细地讨论；细腻是因为不满足于简单的口味，绝不因能下饭就马马虎虎凑合吃，嘴里淡得无聊时，必定要创造出七八种怪味，辨出个不同来，讲出个道道儿来；顽强是因为饿得发昏时，总能想办法找到吃的，看到什么就能吃到什么，想到什么就能吃到什么，所以不夸张地说，四川人要饿死了，全国人民就没法活了，要不四川人怎么那么多呢。

　　四川人多，饭店也多。在中国，没有一个城市拥有像成都这么密集的饭庄。无论是横贯全城的人民路与蜀都大道，还是依旧垂着历史眼睑的宽窄巷子，只要你停下脚步，身边就一定有吃饭的地方。真可谓五步一馆、十步一庄。很多大饭店精于传统的筵席菜。筵席菜烹制复杂，工艺精湛，原料一般采用山珍海味配以时令鲜蔬，名菜有大蒜干贝、清蒸竹鸡、如意竹荪、樟茶鸭子、辣子鸡丁等，可谓品种丰富、调味清新、色味并重、形态夺人、气派壮观。20世纪三四十年代流行的公馆菜如今又出现在成都的街面上，此外，"吉香厨"的江湖菜也有口皆碑。许多街边的"苍蝇馆子"都是小吃的藏龙卧虎之地，所谓的蓬门荆钗，不掩国色天香。别怕跌份儿，大快朵颐的惊喜就在那里等着你呢！找一位致力于到寻常巷陌中探访美食的成都朋友一起去僻街陋巷里转转，一定能收获一份美食。抗日战争时期，著名人士郭沫若、阳翰笙、陈白尘、戈宝权、凤子等常聚于通远门附近小巷中的一家小餐馆，品尝五香牛肉、清炖牛肉、油炸牛肉、水晶包子等川菜川点，郭沫若还乘兴为小餐馆题写"星临轩"招牌，留下一段名人与川菜的佳话。

麻辣烫、串串香和火锅的美食世界

四川是饮食的天堂，无疑更是一座小吃的天堂。那里小吃品种的丰富多样，无所不用其极的制作手段绝对可以从令人观止到令人吃止。冬天的麻辣烫、夏天的冷啖杯、口味霸道的冒菜和麻辣粉，无不叫人流连忘返。走在成都的大街小巷，我们随处可见大大小小的串串香铺子、红漆的矮方桌、小凳子和热气腾腾的一锅红汤以及那一大把一大把的竹签就构成了成都特别的一景。而每到夜晚便出现在居民小区的烧烤摊更是香雾缭绕。成都的烧烤完全不限品种。很多地方的烧烤不过是限于羊肉串、腰子、鸡翅之类。成都的烧烤摊上无所不有，海带、土豆、花菜、莴笋、香肠、鱿鱼、魔芋、黄花、藕、排骨等无论荤素全部都烤，味道更是脆香麻辣，令人难以忘怀。四川小吃的最大特点就是好吃。无论在城间的小巷还是某个乡村的面馆，你都会被那里各色小吃的味道所折服。许多有名的小吃，发源于旧时城镇沿街叫卖的小贩，历经几十上百年的发展，如今已形成如龙抄手、钟水饺、担担面、珍珠圆子、夫妻肺片等具有"中华老字号"招牌的专业店。四川小吃的另一个特点是便宜。真的是太便宜了！2 块钱的面条，或者 3 块钱的冒菜，再或者一串 1 角钱、吃一晚上也花不了几个子儿的串串香，都足以满足你的胃口。

当然，来到成都肯定少不了吃火锅。四川的火锅早在左思的《三都赋》中就有记录，可见其历史至少有 1700 年。狮子楼、谭鱼头、寇记老灶火锅、三只耳，都是不错的选择。如果觉得这些地方贵也不怕，很多街道都有各种各样的小店，也相当考究。火锅在外地人看来没啥区别，只有到了成都这个满城飘着火锅香味的地方，才会有人认真问你，你是要吃传统老派的，还是要吃流行新派的……你可以到高贵典雅的"皇城老妈"寻找一下巴蜀文化的渊源，也可以到大众火锅店与家人来一番自助。"家家粗粮王"有无数可以下锅的菜供你选用，而且还有各种甜点、蒸煮食品、汤类。一眼望不到边的大厅里川流着熙熙攘攘的人群，到处是其乐融融的景象。的确，亲戚相聚，朋友小酌，围着火锅边吃边聊，无拘无束，浓香热气与和睦的气氛交融，其乐无穷！宋人林洪说吃火锅有"团圆热暖之乐"，清代诗人严辰咏火锅诗句"围炉聚饮欢呼处，

百味消融小釜中"，正是这种乐趣的写照。成都火锅的吃法也是变化多端，什么"香辣蟹"、"狗肉火锅"、"鱼头火锅"、"啤酒鸭"、"鸳鸯锅"、"九尺鹅肠锅"……不胜枚举。

最后还得说说成都的"鬼饮食"。成都流行"鬼饮食"，就是晚上开始摆出来，一直吃到凌晨的夜宵大排档。最出名最热闹的自然是东大街。吃的有卤的鸡脚、鸡翅或鸭脚、鸭翅；卤的猪耳朵和猪尾巴；煮的花生、毛豆；凉面、凉粉；煨在蜂窝煤炉子上的蹄花；现煮的粉子醪糟等。不是什么店铺，就是一些长凳和矮椅子临时摆在街边，甚至扩展到马路上。反正已经是深夜，也不存在阻塞交通的问题。过去，华兴街有一家煎蛋面馆，除了煎蛋面，也卖些凉菜、卤菜和水酒，一到晚上，街边，密密麻麻的塑料小凳上，坐满了男男女女；现在，叫华兴煎蛋面的夜吃馆子，在成都的东南西北，不知有多少家。夏天的时候，人们很喜欢"冷啖杯"，顾名思义，是冷菜冷酒。但是，夜里胃凉，全吃冷的东西，肯定不会爽快。聪明而极度好吃的成都人又在夜吃中专为人们的胃口搞上一碗好东西——炖蹄花。最先是在西御街和半边街的交接口子上，有一位大妈，把自己炖的猪蹄花，摆到口子上卖。大妈炖的蹄花，汤白肉烂，加在里面的雪豆也炖得开花开朵，香浓的汤汁里，撒上葱花，再加上自己做的家常剁椒豆瓣做蘸水碟子，叫人一坐下，就恨不得马上狼吞虎咽。虽然是在露天野地里，可无论酷暑寒冬，吃蹄花的人，黑压压一片。后来，大妈买了部运锅碗瓢盆、桌椅板凳的面包车，里边摆张小桌子，吃客们幽默地叫它"雅间"。这就是如今凡是成都人都知道的老妈蹄花。

出成都到周边县市，尤其到了乡下，就会遇到正宗的"九大碗"，也就是四川有名的三蒸九扣菜。这是最具巴蜀乡土气息的农家筵席，是过去四川一些地方乡下红白喜事的酒席。清代以来，四川民间凡遇婚嫁丧寿或贺开业、请"满月"等，传统席面多为备办九种荤菜宴客，此即俗称"九大碗"或"九斗碗"。"九大碗"以清蒸烧烩为主，席间虽有泡菜鱼这样的带辣味菜肴点缀其中，但绝大多数都是"吃"咸鲜本味。如粉蒸肉、红烧肉、蒸肘子、烧酥肉、烧白、东坡肉、扣鸭、扣鸡、扣肉等。对20世纪六七十年代生于农村的人来说，九大碗是一个氤氲着无边幸福的词汇，在成都郊县农村，至今依然是婚嫁的主要菜式。

世界遗产及大熊猫之旅

古蜀文明寻踪

天府古镇漫步

康巴风情探秘

特色旅游览胜

天府美食荟萃

四川好玩

精选旅游线路

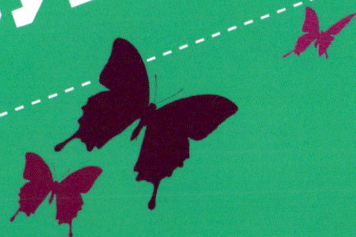

世界遗产及大熊猫之旅

九寨沟、黄龙世界自然遗产环线之旅

九寨沟位于四川省阿坝藏族羌族自治州，因有9个藏族村寨坐落沟中而得名。九寨沟以高原钙华湖群、钙华瀑群和钙华滩流等水景最为奇特；以翠海、叠瀑、彩林、雪峰、藏情"五绝"而驰名中外，是东方人梦中的"人间仙境"，西方人眼里的"童话世界"。

黄龙位于松潘县黄龙乡，由黄龙沟、丹云峡、雪宝顶等景区构成。黄龙沟以地表钙华为主要景观，内有3000多个绮丽的彩池及钙华滩流、瀑布及洞穴等景观，在雪峰和森林的掩映下，如苍莽林间奔腾而出的一条金色巨龙。

精选线路

成都市 → 汶川县 → 茂县 → 松潘县 → 九寨沟县 → 平武县 → 北川县 → 江油市 → 成都市

沿途推荐景区景点 三江生态旅游区、牟尼沟风景区、黄龙风景名胜区、九寨沟风景名胜区、九皇山猿王洞、药王谷、李白故里

还可顺游景点 水磨古镇（见本书 p.164）

三江生态旅游区

熊猫故乡，水乡藏寨

　　汶川三江生态旅游区位于阿坝藏族羌族自治州汶川县南部三江乡境内，西河、中河、黑石河在此汇合故称三江。景区毗邻卧龙国家级自然保护区和青城山风景区，是世界自然遗产大熊猫的栖息地，也是世界最大的"植物活化石"珙桐生长区，这里有保存完好的自然生态，有藏、羌民俗文化，茶马古道历史文化，是集观光、体验、避暑度假于一体的短程旅游风景区。

　　"5·12"汶川特大地震中三江景区受到严重重创。但经过三年的重建，三江景区焕然一新，已破茧成蝶变成了美丽的"水乡藏寨"。不仅利用丰富的水资源及森林资源等，还将其深厚的历史文化及民族文化，茶马古道、古羌栈道等景点融入其中。这里气候温和，冬无严寒，夏无酷暑，年平均气温

12.9℃，8月平均气温20℃，生态环境质量极其优良，空气中负氧离子含量达每立方厘米150万个，年太阳辐射是成都的3倍，是进行日光浴的极佳场所。

牟尼沟风景区

集九寨彩池与黄龙"瑶池"于一身的风景区

　　松潘县西南牟尼乡境内的牟尼沟以扎嘎瀑布和二道海为主体，面积160平方公里，景区内林木众多，大小海子色彩斑斓，造型多姿，钙华池瀑布气势恢弘，富丽壮观。沟内还有溶洞群可探奇，珍珠温泉可沐浴。

🚗 **交通提示**　成都西门汽车站乘长途汽车去松潘再转车（包车）前往，也可从成都坐飞机到九黄机场，再乘车前往景区，大概全程1个半小时。

🎫 **门票**　旺季100元，淡季70元。

🛏 **住宿参考**　可住在松潘县城及川主寺的各大宾馆。也可住牟尼沟景区附近，那里有很多藏族同胞经营的私人饭店可供住宿（楼上住宿、楼下饭店），

牟尼沟二道海

可以品尝到富有特色的藏式三餐。二道海景区管理处附近也有客房提供。

友情提示 ❶牟尼沟居住着大量回族同胞，请尊重他们的饮食习惯、宗教禁忌，非伊斯兰教徒的游客，未经允许不能随便进入清真寺。❷游二道海景区要遵循"左手原则"：进了景区大门后走左边的道路上去，然后到最高处往回走时也要走左边的路下来，这样就不会走重复的道路，且回来时走的路要比上去的路短。而游扎嘎瀑布景区的路则相反，要遵循"右手原则"：走右边的路上去，回来时还走右边的路下来。

扎嘎瀑布　中国最高、最大的钙华瀑布

是一座多层的叠瀑，每一层均变化多端，瀑布高 104 米，宽 35 米，是中国目前最高的钙华瀑布。水流从巨大的钙华坡堤上以 23 米/秒的速度跌落，气势磅礴，其水声震耳欲聋。

二道海　有如藏匿于密林中的蓝宝石

位于牟尼沟的尽头，与扎嘎瀑布仅一山之隔。因有小海子、大海子这两个主要湖泊，故名二道海。二道海景区为一狭长清幽的山沟，长约 5 公里，内有栈道，从营区沿栈道上行，沿途可观赏到宛如珍珠、宝石的深藏于密林之中或袒露在蓝天之下的小海子、大海子、天鹅湖、翡翠湖、犀牛湖等景观。小海子的湖水清澈见底，游鱼可数，湖面水平如镜。一道宽约 2 米的飞瀑与下游的大海子相连。大海子为一深潭，水色暗蓝，且无出水口，但湖中之水却经年不溢。海子周围有

小贴士　*Tips*

"快乐小路"骑马穿越

提供骑马穿越的马队就在松潘县城车站右边，按天收费，每天 150～160 元，包括吃、住、行，十分方便。

这段旅程除了领略别样的美景外，更重要的是人与自然坦诚的对话和难得的人生体验。在马背上潇洒 3 分钟与颠簸 3 天的感觉是完全不同的，随着最初几个小时的好奇与兴奋消退后，屁股和腰背的疼痛将成为未来的主旋律；风餐露宿也并非全是美好与浪漫。只要是做好了这样的准备，这段旅程就堪称完美。

除了露营用的户外装备外，还应准备以下物品：

应急药物：感冒药、止泻药、外伤药、防蚊虫药；

服装：高原昼夜温差大，有时白天下雨气温也会陡降，所以，防寒服、雨衣、登山鞋（最好防水）要带上，另外袜子和内衣多带两件（没处洗澡）。

食物：虽然马队提供旅途食物，不过骑马也是体力活，多带些肉罐头、巧克力等高蛋白和高热量的食物是有必要的。

其他：电池（路上没地方充电）、防晒霜、手电、水壶、垃圾袋都需要准备。

黄龙人间瑶池

森林草坪环抱，清幽怡人，林间野鸟纷飞，野趣无穷。每到夏秋季节，湖面上便开满一种白色的小花，蓝色的湖水与白色的小花相映衬，分外清丽可人，动人心魄。

🔆 黄龙风景名胜区

与传说中的西王母住所极为相似，故称"人间瑶池"

黄龙景区位于松潘县黄龙乡，由黄龙沟、丹云峡、雪宝顶等景区构成。黄龙沟以地表钙华为主要景观，内有3000多个绮丽的彩池及钙华滩流、瀑布及洞穴等景观，在雪峰和森林的掩映下，如苍莽林间奔腾而出的一条金色巨龙。景区内的巨型钙华堆积体长3.6公里，宽30～170米，钙华体上分布着3400余个大大小小的钙华池，长达2.5公里的钙华滩流，还有众多的钙华瀑布和钙华溶洞。漫山遍野的钙华围堤，围成妙趣横生、形状奇绝的水池，清冽的雪水沿钙华体层层漫流，如梯田，似鱼鳞，池水澄清无尘，水色因水底沉积物和树木、山色的千变万化，而呈黄、绿、浅蓝、蔚蓝等颜色。

亿万年来的钙华池群凝聚了无数的水光天影，仿若叮咚悠扬的琴声在大地上行走。四野的群山、森林和池中的树和古老的岁月一起歌唱，行走其间，如同与仙子在此间的一曲旋舞。

🕐 **时间** 6:30～18:30。冬季从11月起不再开放景区，次年2月末始开始接待游客。

🏠 **住宿参考** 黄龙景区附近宾馆不多，主要有瑟尔嵯宾馆、华龙山庄等，选择面较小。华龙山庄为三星级，条件不错；瑟尔嵯宾馆是一家招待所，条件一般，价格较便宜。不过，黄龙海拔高，身体可能会不舒服，所以不建议在这里住宿，最好选择住在川主寺或松潘。

美食情报 藏族主食为青稞糌粑、乳酪、牛羊肉、蔬菜（土豆、萝卜等），饮品主要有奶茶、酥油茶、酸奶、青稞酒、玉米酒，藏族群众待客以手抓肉、血肠为主。

好耍好玩 走过"争艳池"，蓦然回首，会无比惊讶地发现，身后一座巨大的山梁，顿时化作了一位美丽的藏族姑娘，安详地静卧在林海雪原之中。

黄龙洞有三尊造于明朝的坐佛，身上已披满钙华结晶，为自然与人工完美结合的产物。每年冬季，洞内冰林、冰笋、冰幔、冰瀑构成一幅冰晶画面，景象绚丽。

藏匿在高山灌木群的绿荫之中有一转花池，池水清澈见底。数股泉水从地下涌出，池中花瓣会随着不同节奏的涟漪朝不同的方向旋转起来，十分奇异，偶然又会有两朵鲜花和上了同样的节奏，朝着相同的方向旋转在一起。"黄龙庙会"期间，时有青年男女来此投花、投币占卜爱情的成败，把转花池围得水泄不通，十分热闹。

每年农历六月十五日为黄龙寺庙会。届时藏、羌、回、汉各民族群众登山饱览大自然美景祈祷吉祥和丰收。

友情提示 ❶ 如果出沟时间早，可以搭车到川主寺，川主寺是一个镇，比较繁华，食宿方便，次日也好搭车去若尔盖等地。川主寺车站对面有一家宾馆，可以住宿，切记这些地方在旅游淡季、旺季的价格差异非常大。❷ 在黄龙景区，步行是最佳的游览方式，除步行外，可选择乘坐红岩关缆车，几分钟即可由下站到上站。由缆车上站沿人行便道行走2.9公里，就到黄龙沟尽头五彩池。游览后顺沟而下，可欣赏黄龙全部钙华景观，然后从涪源桥出沟。❸ 景区内的钙华物质十分脆弱，一旦破坏便永不可复原，故禁止踩踏、攀爬。❹ 每年11月到次年2月末因大雪封山，不能前往。如果冬季一定要去的话，一定要请向导。景区内路况不好，只能骑马，来回需2～3天时间。

黄龙五彩池

迎宾池　精巧别致、色彩艳丽

进入黄龙景区便可看到这组精巧别致、水质明丽，名为迎宾池的池群。池子大小不一、形状奇特、色彩艳丽、错落有致，四周群山环抱、林木葱茏、坡上山花烂漫，盘旋曲折的山间石径与观景亭阁等人工景观相映成趣，浑然天成。

飞瀑流辉　透出以金黄为基调的色彩，画面富丽堂皇

沿着曲折的栈道蜿蜒而上，可见到千层碧水冲破密林，从高约 10 米，宽约 60 米的岩上飞泻而下，形成数十个气势恢弘的梯形瀑布，如一道道珠帘垂挂，银光闪烁，瀑布后多为钙华沉积成的马肺状和片状的陡崖，金黄欲滴，富丽壮观。

洗身洞　仙人净身的地方

登上黄龙第二级台阶，就是古代冰川的一个出水口——洗身洞。溶洞高约 1 米，宽1.5 米，位于一堵 40 米宽的钙华挂壁的下部，洞口水雾弥漫，飞瀑似幕，传说是黄龙真人成仙之时洗去凡胎俗骨之地，洗身洞之名由此而来。洞内遍是浅黄色、乳白色的钟乳石。

金沙铺地　金河泻玉，银水溢流

在洗身洞与婆萝彩池之间，有一道长约1500 米，宽 70～120 米的钙华流，人称"金沙铺地"，是由于地势的坡度和钙华物黄

九寨冰瀑

层相叠，线条流畅。池水随山石树木及水底沉积物的色彩变化而呈现出黄、蓝、绿、白、褐、银灰、绛紫、粉红等不同的色彩，斑斓动人。池水中矗立着被钙华物包裹的枯枝，细的似石花，粗的若玉笋，与石塔相映生辉。冬季的黄龙风景区玉树琼花，一片银色的世界，唯有这里依旧碧蓝。

黄龙寺　黄龙真人修行成仙的地方

距沟口约 3.5 公里。沟内原有前、中、后 3 座寺庙，前寺现仅存遗址；中寺共有 5 殿，现只有观音殿及殿内的 10 尊罗汉塑像了；后寺位于黄龙沟尽头，寺庙建筑保存得最为完

金般的色彩，看上去给人一种波浪翻滚、水流直泻而下的感觉，阳光照耀下水流浮光耀金，灿烂夺目，仿佛一片金色的沙滩，故又名"金沙滩"。这是至今发现的最壮观、最长、色彩最丰富的钙华流。

盆景池　花木倒映池中，妩媚动人

盆景池由近百个水池组成，池池相连，池池相套，池池同源。池堤随树根与地势而变，堤岸相接，顺势层叠；池水清澈无尘，宛若明镜；池底呈黄、白、褐、灰等各种颜色；堤上池中，翠柏盘根，池内池外，绿叶婆娑，山花含笑。池盆是形状各异的钙华质，众多的木石花草生长其中，仿佛天庭里的奇特盆景，使人间的园艺师们无不为之叹服。

石塔镇海　彩池群中最美、最有特色、规模最大

又称浴玉池群或五彩池，是黄龙景区内彩池群中最美、最有特色、规模最大的一个。池旁是黄龙后寺和龙王庙，池中有明代修建的石塔和石屋，现今水中部分已被钙华。"石塔镇海"由 400 余个彩池组成，弧形、双扇形、裙边形等形态优美，色彩和谐的石堤层

好。传说黄龙真人助禹治水后在此修行成仙，后人便在此修庙祭祀黄龙真人，故名黄龙寺。

黄龙洞　冬季观冰晶画面

黄龙后寺左侧10米处有一椭圆形石洞，传说曾是黄龙真人修炼之地，故名黄龙洞，又因洞中有3尊明代佛像，又称佛爷洞。黄龙洞口10月起冻，次年5月冰消，洞口3座盘腿而坐的佛像因经年累月地被饱含碳酸钙的泉水淋浴，通体结上了一层白色钙华物，银光熠熠，好像用白玉刻成的一样。沿独木桥进入洞中，下行10余米，豁然开朗，洞高达20米，洞内有石柜、石床、梯田等，洞顶雕有白龙飞腾，洞中钟乳石林立，形状怪异。洞底向下倾斜，壁上有洞，深远莫测，至今无人探洞成功。站在洞口，可以隐隐听见暗河流水声从脚下发出。

🌄 九寨沟风景名胜区

> "九寨归来不看水" 是对这一美景的最好说明

九寨沟位于阿坝藏族羌族自治州境内，距成都450公里，是长江水系嘉陵江源头的一条大支沟，沟长50余公里，海拔

九寨树正群海

2000～4300米，因周围有盘信、彭布、故洼等9个藏族村寨而得名。虽然很多人都已经到过九寨沟，但对于这个有"童话世界"之称的景区来说，仅仅一次是远远不够的，春夏秋冬不同的美景都值得一访再访。

青山环抱间则查洼、日则、树正3条沟构成了一个"Y"字形，景区内有呈梯级分布的大小海子114个，海子之间的17个瀑布群、11段激流、5处钙华滩流像美丽的项链上一颗颗璀璨夺目的珍珠，在繁茂的原始森林中绽放着异彩。景区内现有树正沟、日则沟、则查洼沟、扎如沟4条旅游风景线，长60余公里，有树正、诺日朗、剑岩、长海、扎如、天海6大景区，以3沟118海为代表，包括5滩12瀑，10流及数十泉等水景为主要景点，与九寨12峰组成高山河谷等自然景观，四季景色各有千秋。

⏱ 时间 7:00～18:00

🚗 交通提示 景区有绿色环保观光车，观光车车票在购门票时已一并购买，因为是通票所以可搭乘任何一辆观光车。观光车很多，在任意的停车点可以乘坐任何一辆观光车。游览车共有3条线路，分别为沟口→诺日朗，诺日朗→长海，诺日朗→原始森林（淡季不开放）。

¥ 门票 旺季220元，观光车90元，合计310元。淡季200元，观光车80元，合计280元。淡季可购买二次进沟的门票，20元门票，加上80元观光车车票。旺季为了控制人流量会取消二次进沟的政策。但是实施时间根据每年的游客接待量而定，并不是严格按照淡旺季时间来决定。

九寨树正小瀑布

住宿参考 原则上，景区内不能住宿，如果一日未游完，必须当日出沟，沟口外有大量的宾馆旅店，旺季价格相对较高，而且不容易住上，最好临行前在网上或通过电话预订。也有一些游客会偷偷地住在沟里的藏族群众家中。九寨沟内的藏族村落基本上都偷偷接待游客，50元左右包吃住。

美食情报 藏餐 九寨沟边边街的阿布碥孜藏，阿妈做土豆，平均消费：60～150元/人（送藏红茶一壶），这里还可以品尝到九寨沟藏餐特色风味：核桃花、炒烤牦牛肉、酥油茶、青稞酒等。绝对正宗。

景区内以藏式饮食为主，由于物资多从外面运入，所以餐饮的价格稍高。在当地的酒店可以品尝到洋芋糌粑、九寨柿子饼、荞面饼、九寨酸菜等风味。景区内有诺日朗游客服务中心，提供自助餐，午餐一般是在这里解决。

友情提示 为了保护环境，方便游客，沟内还修建了观景栈道60多公里，观景亭16个，使游人有机会越溪涧、下危崖、穿丛林、寻幽探奇，但是淡季这些栈道通常都不会开放。

九寨沟一年四季都可游，除了秋季外，冬季的九寨沟是纯白和宁静的童话世界，冬季住宿和食店虽较旺季少，但却便宜许多。

树正沟 九寨沟风景区内一条主要的旅游线路

从风景区大门一进来就是树正沟的沟口，此处海拔2040米，购买门票及观光车车票都在这里。沟口至诺日朗全长14公里，地势较低，进入大门后有一段5公里长的柏油路直通荷叶寨。荷叶寨是9个藏族村寨中最大的一个，以田野风光为主，秋季最美。

精彩看点 下午是游览树正沟最好的时候。特别是夕阳照在芦苇海时，宝蓝色的湖水和金色的芦苇形成强烈的对比，冲击着人的视觉感官。

芦苇海

九寨沟的第一个海子，位于盆景滩之后。海子全长2.2公里，是一个半沼泽形态的湖泊，湖中芦苇丛生，湖水呈宝蓝色。春夏满眼的碧绿与秋冬时节的金黄形成了对比强烈的色彩。

九寨诺日朗瀑布

树正群海

二三十个大小海子呈梯田状连绵数里，上下高差近百米。湖泊周围多为柏、松、杉等翠绿树木。湖水层层翻堤而下，在树丛中穿流，跌落的形成叠瀑，清澈的水在浪花飞溅中直奔下游而去。青翠的树木，碧蓝的海子以及白色的水花，构成了一幅色彩层次分明的画卷。不少九寨沟的经典照片便出自这里。

树正瀑布

位于树正群海的上游，树正寨前的公路旁。瀑布宽约 62 米，高约 15 米，是九寨沟四大瀑布中最小的一个。

树正寨

观览树正群海的最佳位置，村寨前有一座白色的佛塔，是藏族群众拜神念经的场所。村寨里到处飘扬着各色的经幡。

犀牛海

树正沟最大的海子，长约 2 公里，水深18 米，海拔 2400 米，也是九寨沟中景色变化最多的海子之一。南端有一座栈桥通往对岸。湖岸四周多彩叶，其倒影最具特色，清晨有云雾时，水天一色，十分梦幻。

日则沟 九寨沟内最美的一道风景线

全长 18 公里，位于诺日朗瀑布和原始森林之间。这里景色因四季的转换而变化多端，乘旅游车到原始森林，徒步从上向下行，最后到达镜海。

诺日朗瀑布

九寨沟众多瀑布中最宽阔的一个，宽 300米，落差 20 米。"诺日朗"在藏语中意指男神，伟岸高大之意，故而诺日朗瀑布的意思就是雄伟壮观的瀑布。自顶端滔滔而下的瀑布如银河飞泻，声震山谷。南端浩大的水势寒气逼人，腾起的水雾在朝阳的照射下，幻化出横挂山谷的道道迷人彩虹。

珍珠滩、珍珠滩瀑布

珍珠滩是九寨沟中唯一不受季节影响的景点，常年水声潺潺。水流经过珍珠滩时，水珠如同珍珠一样在钙华的滩涂上跳跃，在阳光下光芒四射。

淌过钙华滩的水流在尽头形成了著名的珍珠滩瀑布。这也是九寨沟所有激流中水色最美，水势最猛，水声最大的一段。瀑布宽200 米，落差最大处可达 40 米，气势雄伟壮观。冲进谷底的瀑布黄绿相间，在阳光下闪烁出绚丽夺目的光彩。

⚡**友情提示** 珍珠滩瀑布最佳的观赏地点在激流左侧的栈道上。

五花海

位于日则沟孔雀河上游的尽头，有"九寨沟一绝"和"九寨精华"之誉。五花海是九寨沟所有景点中最精彩的一个。深秋季节，五花海四周的山坡色彩丰富，姿态万千。五花海的彩叶如火焰流金，多集中在出水口附近。含碳酸钙质的池水，与含不同叶绿素的水生群落在阳光下幻化出缤纷的色彩，湛蓝、墨绿、鹅黄、粉红……倒映池中，五彩斑斓，与水下沉木、植物相互点染，尤其美妙，五花海之名由此而来。

熊猫海、熊猫海瀑布

熊猫海位于日则沟，毗邻五花海，海拔

九寨五花海

2587 米，深 14 米，面积 9 万平方米。据说九寨沟的大熊猫最喜欢来这里游荡、喝水、觅食，所以得名"熊猫海"。蓝天白云下群峰静立，岸边层林相间，海水澄澈，波光山影。

熊猫海是九寨沟鱼最多的海子，可以观赏到高山裸鲤鱼。裸鲤鱼为高山冷水鱼，生长得非常缓慢，而其他鱼在这里很难生存。1983 年成都水产局和都江堰管理局将 55 尾虹鳟投入海子里，1 年以后，不见踪影。

从熊猫海北侧的栈桥走到尽头，沿着一段向下的陡峭栈梯缓步而下，可以看见右侧有一道飞流自熊猫海口飞扑直落深谷，中途又被悬崖下突出的岩壁和巨石截成数段，数节叠瀑一气呵成。这道瀑布就是熊猫海瀑布。80 米的落差让熊猫海瀑布成为九寨沟所有瀑布中落差最大的一个。站在瀑布顶端就如同站在天际云端一般。瀑布带着极大的冲击力跌落深谷，沿着河道如万马奔腾般狂啸而去。

友情提示 九寨沟只有两个海子在冬季的时候不会完全结冰，一个是海拔最高的长海，还有一个就是熊猫海。

镜海

从诺日朗上行 2 公里（日则沟一侧），便到了镜海。镜海长 925 米，最宽处 262 米，水深 24.3 米，面积 24 万平方米，镜海呈狭长形，四周林木苍翠，山壁像一座巨大的石屏风。镜海有三奇：晴日无风时，水面光滑如镜，景物毫不失真地被复制到水中，纤毫悉见；夏日细雨轻洒时，水面微绉水波，顺湖而上可见一条若有若无，如细绢般轻柔的白色水带，其上不见雨点，平滑光亮，带外则波光粼粼，姿色互异中让人恍惚迷离；镜海中有不少长 20 ~ 30 米的风倒巨树在水中半浮半沉，其中有两株巨树的梢头半露，其上竟然生出了灌木苔藓，如盆景般于湖心亭亭玉立。在万籁俱寂的月夜里游镜海又是另一番滋味。

友情提示 最好早上去镜海。这个时候的镜海水平如镜，四周的倒影清晰地呈现在水面上。稍晚一点，镜海就容易起风了。波光粼粼的水面无法欣赏到它的镜面效果。

原始森林

位于日则沟的尽头，是九寨沟面积广大的原始森林的一部分。森林中有如海绵般柔软的苔藓和落叶、芬芳潮湿的空气，有阵阵的松涛和啁啾的鸟语。置身林间，山风拂面，树影映入眼帘，恍惚中不知身在何处。

友情提示 冬季的九寨沟是森林防火期，原始森林是不开放的。

则查洼沟　九寨沟内 4 条游览线路中海拔最高、距离最长的一条

这条旅游线以长海为主，长海位于则查洼沟的顶端，平均海拔 3100 多米，宽约 600 米，最深处达百余米，是九寨沟湖面最宽阔、湖水最深的海子。长海呈墨蓝色，四周层峦叠翠，北侧入口的湖岸边生长着一棵独臂老人松，一侧枝繁叶茂，另一侧却秃如刀削，奇特的造型引来无数游人的目光。

九皇山猿王洞景区

每年春夏的高山融雪是长海的水源。长海四周没有出水口却从不干涸，也不溢堤，水位从不曾改变，似乎时间在这里凝固，成为藏族群众们"装不满，漏不干"的宝葫芦。

初秋的长海五彩斑斓，分外妖娆，冬天的长海则是一个银色的童话世界，湖面厚厚的冰层使长海成了一个巨大的天然冰上游乐场，可供数千游人在此尽兴溜冰、玩雪。

扎如沟　一条可充分领略藏族风情的旅游线

扎如沟目前还没有开发，只能骑马或徒步前往，这是一条古道，名叫扎如马道。扎如沟口的扎如寺是苯教寺院，每年农历四月十五有传统佛事活动——麻芝助钦节。扎如桥是扎如马道的起点，也是沟口环山公路与沟内扎如马道之间的分界线。骑马走在宽阔、平坦的扎如马道上，两旁如诗如画的藏

式小木屋以及山林中随风飘舞的经幡便呈现在眼前。

友情提示 农历每月十五这一天，附近的藏族群众都要沿扎如马道前往九寨沟的扎依扎嘎神山转山朝拜，届时，这里就会出现车水马龙的热闹景象。

九皇山猿王洞
西南第一大高山溶洞群

位于北川羌族自治县境内，海拔2095米，由洞内高山溶洞群、绝壁黄金栈道、险山茶亭、原始森林、古老羌文化胜地等几部分组成。在猿王洞周围4平方公里范围内分布着23个各具特色的溶洞，它们是烟云洞、甘龙洞、鲢鱼洞等。

这里还是全国唯一的羌族自治县，是羌族聚居区。来到这里，映入眼帘的是雄伟壮观、气势磅礴的羌家碉楼，古朴悠远的白石贡奉，还可以聆听到悠悠羌笛声，感受羌人传承几千年的文化。还有惊险刺激的"一索架南北，天堑变通途"的羌寨溜索，两条长约380米的高空溜索，让你亲身感受凭一根绳索穿山越岭的快感。

交通提示 江油有直接到猿王洞接待站的公交车，票价5元，半小时可到。也可以到79队汽车站乘到平武的车，路过猿王洞景区下车即可。

门票 前山90元，全山通票180元。

药王谷景区

药王谷

追寻药王的足迹

药王谷位于绵阳市北川羌族自治县与江油市接壤的药王山上，海拔 1400 ～ 2000 米，这里盛产中药材，山林遍生百年药树，相传中华医药始祖岐伯和药王孙思邈都曾长住此山采药治病，山上居民一直有供奉药王菩萨的习俗，药王谷因此得名。

药王谷内有大大小小的溶洞七个，形态各异。药王谷山顶有一尊 20 多米高的药师佛白色塑像，称为"药王大佛"，在山下几公里外都能看见，是药王谷的标志性建筑景观。

李白故里

这里曾经山清水秀、仙气缥缈

位于江油市区南 15 公里青莲场，包括青莲镇李白故里、市区李白纪念馆、太白公园、海灯武馆及太白洞等景点，是以唐代大诗人、"诗仙"李白的故居为主的人文景观长廊。距绵阳市 40 公里。

🚌 **交通提示** 绵阳几个客运站一般都有车发往，每 15 分钟一班，票价 10 ～ 12 元。如果从成都到江油，可在成都昭觉寺汽车总站乘车，票价 40 元左右，车程约 2 小时。

💰 **门票** 李白故里 40 元，李白纪念馆 30 元。

小贴士 / Tips

❶ 黄龙与九寨沟之间的距离为 144 公里，在旺季有直达班车，6:30 ～ 7:30 有 2 ～ 3 个班次。15:00 从黄龙返回九寨沟。❷ 松潘在每年 4 月份以后，每天 7:00 都有发往黄龙的班车，一般在 15:00 左右返回松潘。❸ 成都、绵阳、都江堰等地现在还未开通到黄龙的直达班车，可以乘车先到九寨沟或松潘、川主寺，然后倒班车或包车去黄龙。❹ 如果从成都坐飞机去九寨沟的话，在九寨黄龙机场可以乘坐机场→黄龙→九寨沟的巴士线路，从机场直接去黄龙游览，然后再乘大巴到九寨沟，票价 100 元。但需 5 人以上才发车，淡季的时候比较难凑足人数。❺ 从九寨沟去黄龙、从松潘到黄龙都可采取包车方式，另外在川主寺还有许多车主揽客拼车去黄龙。

阿坝雪山

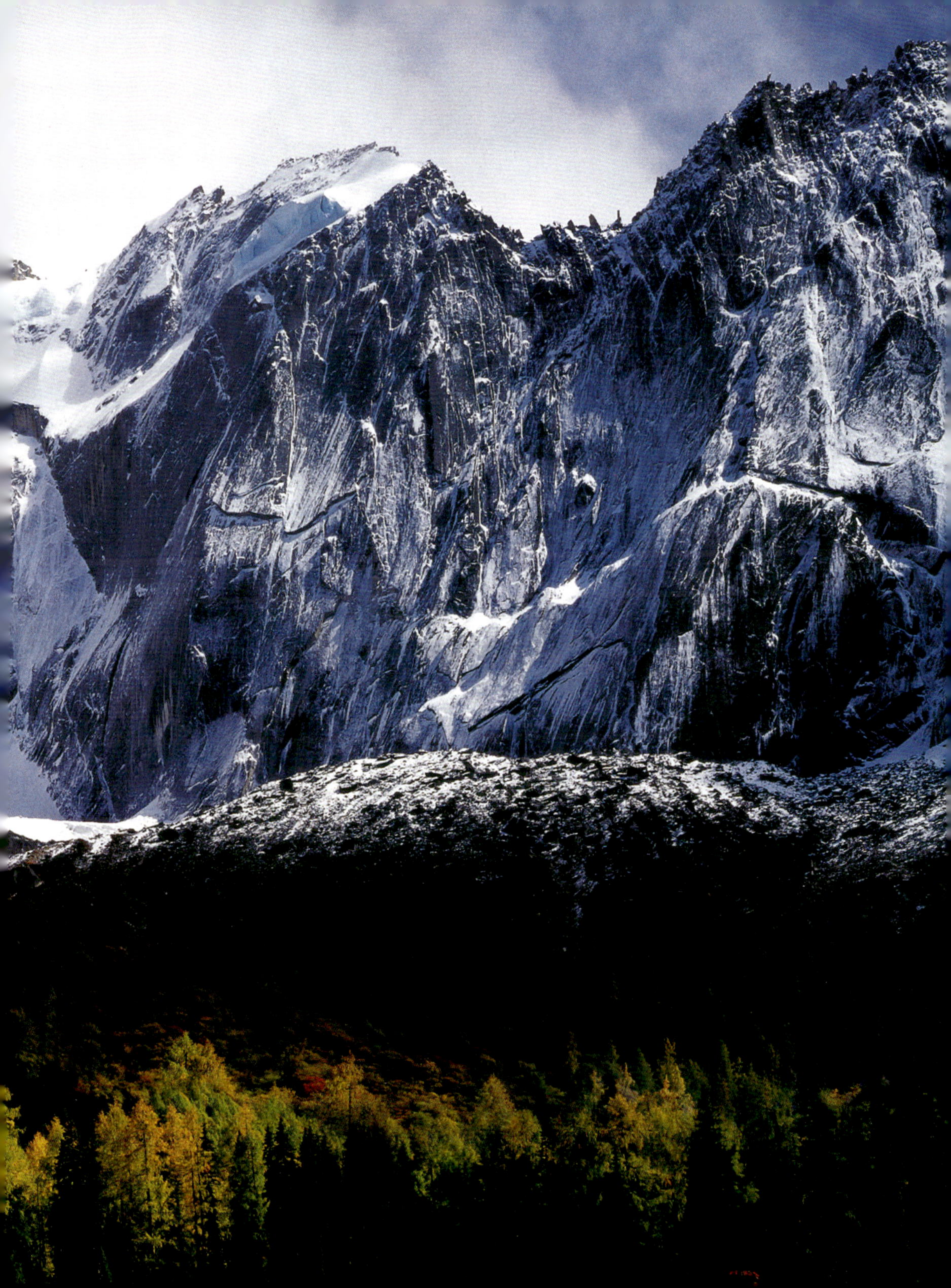

都江堰景区

青城山一都江堰世界文化遗产之旅

青城山和都江堰均位于四川省都江堰市。青城山诸峰环峙，山林青翠，景色清幽，状若城郭，故有青城之名。山分前后，前山景色优美，文物古迹众多；后山自然景物神秘绮丽，宛如世外桃源。青城山属道教名山，是张陵所创天师道的祖山、祖庭，现存道观11处，以建福宫、天师洞、上清宫最为著名。都江堰建于公元前3世纪，是秦国蜀守李冰率众修建的一座大型水利工程。工程由鱼嘴分水堤、宝瓶口引水口和飞沙堰溢洪道组成，巧妙利用了当地的地形水势，因势利导，无坝引水，自流灌溉，起到了既分洪减压，又引水灌田的作用，收到了"行水灌田，防洪抗灾"的功效。都江堰是全世界迄今为止，年代最久、唯一留存并使用的宏大水利工程，是人类水利史上的奇观。

精选线路

成都市 → 都江堰市 → 成都市

沿途推荐景区景点 青羊宫、都江堰景区、青城山风景区

青羊宫

是全国著名的道教宫观之一

位于成都市西门一环路内侧，为成都市内建筑年代最久远、规模最大的一座道教宫观。青羊宫始建于唐代，现存殿宇为清代所建。

主要建筑有灵祖殿、混元殿、八卦亭、无极殿（三清殿）、斗姆殿、唐王殿、紫荆台等，其中最具特色的是八卦亭和三清殿。另外，最引人注目的是宫内存有的一对清代雍正年间的铜羊，据传孺童牵羊即为老子的化身。其中一只双角羊是清道光九年（1829）由云南工匠铸造；另一只独角怪羊虽外形似羊，实为十二生肖的化身：鼠耳、牛鼻、虎爪、兔背、龙角、蛇尾、马嘴、羊胡、猴颈、鸡眼、狗腹、猪臀。

⏱ 时间 8:00 ～ 18:00

🚗 交通提示 乘 5 路、11 路、17 路、19 路、25 路、27 路、34 路、35 路、42 路、47 路、58 路、59 路、63 路、82 路、84 路、109 路、302 路公交车可达。

¥ 门票 10 元

👁 精彩看点 自唐代以来，每年农历二月十五老子生日，青羊宫举行庙会，进香朝拜老子，这里便成为成都最热闹的地方。

都江堰景区

我国乃至世界上唯一保存完整，且还在使用的"生态水利工程"

位于成都平原西部的岷江之上，距今已有 2200 多年的历史。都江堰渠首工程主要由宝瓶口进水口、鱼嘴分水堤、飞沙堰溢洪道三大部分构成。主体工程是将岷江水流分为两条，分开岷江的地方便是有名的鱼嘴，其中一条水流引入成都平原，这样既可以分洪减灾，又能引水灌田、变害为利，至今灌溉面积依然超过 800 万亩。宝瓶口、分水鱼嘴及飞沙堤相互依赖、相互制约、相互调节，科学地解决了江水自动分流、自动排沙、控制进水流量等问题，消除了水患，使川西平原成为"水旱从人，不知饥馑"的天府之国。

🚗 交通提示 成都茶店子汽车客运站有直达都江堰的班车。或者在新南门汽车站乘到青城山的班车，在玉堂下，然后乘 101 路公交车到都江堰。从成都火车北站可乘成灌快铁直达都江堰。

¥ 门票 90 元

👁 精彩看点 成都目前已开通至都江堰的快速铁路，全程票价 15 元，起点成都站，终点青城山站。每天 6:40 头班车，最短间隔 25 分钟，全程 30 分钟，到都江堰 27 分钟。

西山南道　原为茶马古道的一段，如今古城楼依然

都江堰景区内有一条古称松茂古道的石板路，产于雅安的茶叶在古代便是经由这里到达松潘远达青海西藏，这条古道现今成为游人必经之地。所经之处还可见到保存完好的古城楼，史家将之称为"西南锁钥"，当年赵云曾在此驻守以防羌人。

伏龙观　为纪念李冰治水时曾在此降伏过一条孽龙而改名

位于离堆公园内北端，原名范贤馆，始建于晋朝，是纪念三国时期贤达范长生的。北宋初年，改范贤馆为伏龙观。

观内前殿正中立有一座东汉时期（168）雕刻的李冰石像，高2.9米，重4吨，是1974年修建外江节制闸时从4米深的河床中挖出来的。李冰石像的右侧，还有东汉时期的堰工石像、唐代金仙和玉真公主在青城山修炼时的遗物——飞龙鼎。鼎上惟妙惟肖地雕刻有8条各具神态的飞龙，出土于清朝雍正年间。

👁 **精彩看点** 伏龙观后的观澜亭是观看都江堰的绝佳之地。

二王庙　为纪念李冰父子治水功绩而修建的

位于岷江左岸的玉垒山上，原名崇德祠，现前门傍山而立的牌楼上还有"蜀太守李公祠"六个大字。宋代以后李冰父子被封为王，遂称二王庙。这里最大的看点是主殿内珍藏的治水名言、诗人碑刻以及天下闻名的治水《三字经》、《八字诀》。

⚡ **友情提示** 每年的清明节会举行仿古放水祭祀活动。受汶川大地震的影响，二王庙于2011年4月修复完成重新开放。

安澜索桥　我国现存最古老的索桥

　　位于都江堰鱼嘴分水堤上，横跨内江与外江的分水处，全长 500 米，古名"珠浦桥"、"评事桥"。明末毁于战火，清嘉庆年间由塾师何先德夫妇集资重建，所以又名"夫妻桥"。现在的桥比原址下移了 100 余米，并用钢索替代了原来的竹索，木桩桥墩也改为了混凝土桩。

青城山风景区
> 道教发祥地之一，拥有日出、云海、圣灯三大自然奇观

　　青城山位于都江堰市西南 20 公里处，距成都 70 公里，海拔 1600 余米。全山曾有道观 70 余座，现尚存 38 座。堪称青城山特色的还有日出、云海、圣灯三大自然奇观。青城山分前山、后山两大景区。青城山也被当地人称为"青城前山"，主要是道教文化，文物古迹多集中在这里。青城后山主要是自然风光，水秀、林幽、山堆，是徒步休闲的好去处。后山还是蜀茶的著名产地，农家乐也比较多。

　　茂盛的植物让青绿的色彩永不离去，云绕峰峦，雾笼道观，仙山鸟鸣涧，古径诗传传。这座陪伴人类 2000 多年的名山处处带着遗世独立的风采，秦朝年间便是国家级祭祀山川的圣地，以至名流纷至杳来，留下无数佳句墨宝，杜甫曰："自为青城客，不唾青城地。为爱丈人山，丹梯近幽意。"而传诸四海的"天下幽"则出于吴稚晖，他在游览青城山后写道："顾青夺在亦雄亦奇亦秀外，而其幽邃曲深，似剑阁、三峡、峨眉皆无逊色。故以'天下幽'标明青城特点。""幽"字点出青城的绝妙景致情境。

🎫 **门景**　青城前山 90 元，缆车：35 元（单程），60 元（往返）。

青城山

🍴美食情报 到了青城山不可不尝的"青城四绝"：白果炖鸡、青城苦丁茶、道家泡菜和洞天乳酒，另外还有石爬鱼、魔芋烧鸡、青城山老腊肉等。

📷好耍好玩 青城山徒步，无须设定太明确的目标，一草一木皆有情趣，或疾或缓全凭心境。累了可在路边茶园中饮茶小憩，饿了寻一道观品尝素食斋饭，在这座灵山中静心体验一下俯拾皆道理，道法循自然的超然感受。

青城山洞经音乐，堪称中国道乐的鼻祖，多在道教仪式开始前演奏，曲调玄妙、空灵，甚有上古曲风。

南桥边喝夜啤酒是都江堰夏夜里最好的享受。脚下那条从雪山一路奔流到此的岷江，送来的江风能穿透肺腑的清凉。三五知己，美酒佳肴，凉风美景做伴，体验一个超爽的夏天。

虹口漂流，坐在皮划艇上，在乱石险滩中上下颠簸，左摇右摆，心跳骤然加速，手中的那支桨无助而又下意识地乱舞，任湍急的河水连人带船冲向下游，即便到了终点仍有些惊魂未定，有趣得很。

每年清明节，都江堰的放水节是当地重要民间习俗。旧时都江放水，就意味着每年春耕的开始，也预示着丰收的希望，所以，非常隆重，当地的地方官员也要与民众一起，为一年的风调雨顺祈福。

🚩友情提示 都江堰南光长征博物馆就建在青城山下，博物馆拥有2000多册红军长征史料、文献、书籍，300余幅红色书画及百余件红色实物，向人们展示了红军长征的历史背景和曲折过程。

建福宫　游览青城山的起点

坐落在山门左侧的丈人峰下，始建于唐开元十二年（724），现仅存两殿三院，是清光绪十四年（1888）重建的。里面保存有委心亭、古木假山及明庆府王妃的梳妆台遗址，另有壁画经、楹联等文物。距建福宫不远有座鬼城山，据说是战国时鬼谷子隐居之地。

上清宫　供奉的是道教张三丰、纯阳祖师及太上老君的庙宇

始建于晋代，现存庙宇为清同治年间所建，内存老子的《道德经》五千言木刻等。正殿供奉的是道教张三丰、纯阳祖师及太上老君的塑像，东配殿供奉的是孔子和关羽。宫左侧有鸳鸯井两口，一方一圆，一深一浅，一清一浊。宫右侧有一麻姑池，半月形，水深仅数尺，传说为仙女麻姑浴丹的地方。

🚩友情提示 宫后的最高峰老霄顶上有一座呼应亭，是观赏日出、圣灯和云海奇观的绝佳之地。

天师洞　青城山最为著名的地方

位于建福宫北面2公里处，始建于隋朝大业年间。相传为张陵修炼之地。天师洞三面环山，一面临涧，掩映在参天的古树下，十分幽静。洞门前有一株树龄已逾2000年

小贴士　Tips

成都几乎所有大的车站都有车直达青城山，也可在都江堰转车前往。从都江堰到青城前、后山都有中巴车。也可以乘坐成都到都江堰青城山的快速列车。

到青城山游玩如果不是当日往返的话，可以住宿的地方很多，各种宾馆和农家乐都可以选择，不过住在山上会更有意思一些。前山除了有一个游客接待中心以外，大部分提供住宿的都是山上的道观。

的古银杏树，树高 50 余米，树干周长 7.06 米，直径 2.24 米，传说乃张天师手植。殿后有黄帝祠和天师洞等古迹。

祖师殿　环境幽静，曾有唐宋诗人在此隐居

位于天师洞右后侧山腰处，又名真武宫，始建于唐代。殿内有真武祖师、吕洞宾、铁拐李等塑像，还有八仙图壁画经、诗文刻石等。此处环境幽静，曾是唐代诗人杜光庭、薛昌，宋代张愈等人的隐居之地。

青城后山　石径蜿蜒、溪水缠绵，峰回路转间可算是一步一景，是徒步休闲的好去处

青城后山脚有泰安寺和泰安古镇。沿山道而行，峭壁悬崖、飞瀑流泉不绝。主要景观有神仙洞、三潭雾泉、龙隐峡栈道、白云群洞、黄鹤桥、双泉水帘等。其中三潭雾泉被誉为青城后山绝佳美景，以深不见底、潭水碧绿的"金娃娃沱"为中心，四周有龙宝亭、龙宝岩、回音壁、涌泉洞，以及白龙过江、五龙吐水等奇妙景观。

金娃娃沱上行 100 米便到龙隐峡，两山对峙，相距咫尺，下面洞深水急。深涧上是龙隐峡栈道，斗折蛇行。

游览线路：从五龙沟上山，游览金娃娃沱→龙隐峡栈道→桃源别洞→通天洞→白云群洞→白云寺→百丈长桥→双泉水帘→翠映湖，最后抵达泰安古镇。

道姑抚琴

🚗**交通提示**　都江堰客运中心有班车直接发往青城后山，车程约 1 小时到达。从都江堰打车到青城后山的车程大约 15 分钟。青城前山到后山只需乘中巴或出租车过去。成都新南门车站也有到青城后山的班车，车程 1 小时左右。青城后山 8:00 ~ 18:00 都有回成都和都江堰的班车。

💴**门票**　20 元

🛏**住宿参考**　在青城后山有众多的农家乐、乡村酒店可提供价格优惠且干净卫生的住宿。

✍**友情提示**　后山因为地震的原因，石级比较陡，大概走 1 小时可以到前山，由此下山，环境非常好。

峨眉山云海日出

峨眉山—乐山大佛世界自然文化双遗产之旅

　　峨眉山位于四川省峨眉山市，海拔3099米，最高峰万佛顶。峨眉山素有"雄、秀、神、奇"的特色和云海、日出、佛光、圣灯的"四大奇观"，独领"峨眉天下秀"的美誉。峨眉山也是一座佛教名山，相传是普贤大菩萨显灵说法的道场，与五台山、普陀山、九华山并称为中国佛教的"四大名山"。乐山大佛位于峨眉山以东，始凿于唐初，历90年终成。大佛头与山齐，足踏大江，双手抚膝，体态匀称，神态肃穆，临江危坐，竟有71米高，脚面可围坐百人以上，堪称世界上最高的弥勒佛摩崖石刻造像，有"佛是一座山，山是一尊佛"之称。

精选线路

成都市→眉山市→乐山市→峨眉山市→成都市

沿途推荐景区景点 三苏祠景区、夹江天福观光茶园、乐山大佛景区、乌木文化博览苑、大佛禅院文化旅游区、峨眉山风景名胜区

三苏祠景区

北宋时期著名文学家苏洵、苏轼、苏辙父子三人的故居

位于眉山市西南隅纱縠行内。元代改宅为祠，祭祀三苏，明洪武年间扩建，明末毁于兵火，仅存五碑一钟。清康熙四年（1665）在原址按明代规模重建，而后历代均有补修。

三苏祠是一座富有四川特色的古典式的园林建筑。周围红墙环抱，绿水萦回，荷池相通，小桥频架，曲径通幽，有"三分水，二分竹"的"岛居"之称。正殿、启贤堂、瑞莲亭为清康熙年间所建，近现代所建和修葺都以清代康熙四年的建筑为模式，使之成为一组典型的、完整的四川清代古建筑群。正殿有苏洵、苏轼、苏辙的塑像，东侧由池水将绿洲亭、抱月亭、云屿楼连成一组园林。亭小水阔，树密楼奇。西侧一泓池水为"百坡亭"廊桥横断，向北望，透过"披风榭"可见隐于竹林中的东坡卧塑像。殿堂部分由三进四合院组成，虽按轴线处理，但有收有放，灵活多致。

祠内收藏有"丰乐亭记"、"醉翁亭记"、"表忠观碑"和"罗池庙碑"四大名碑的金石碑文或碑拓本；陈列有数以千计的匾联书画等文物。迄今馆藏文物共有5188件，是三苏研究、陈列展览的珍贵资料。

🚗 交通提示 位于眉山市城西。从成都新南门、城北客运中心，金沙汽车站和石羊汽车站都可以到眉山。如果在眉山北站下车，可乘8路公交车到中医院下。如果在搬运社车站下车，对面就是三苏祠。

🎫 门票 45元

✍ 友情提示 进门两棵古银杏据说还是当年苏老泉栽下的；每逢高考，三苏祠的香火特别旺盛。

夹江天福观光茶园

成乐高速公路上的璀璨明珠

夹江天福观光茶园位于成都往乐山、峨眉山的成乐高速公路夹江天福服务区，总占地面积380亩，是到乐山、峨眉山旅游必经的第一站。天福茶园是一个茶业综合园区，园林式规划建设，亭台楼阁、流泉飞瀑、绿草如茵、茶香四溢，优美的人文景观与现代化的功能设施完美地演绎出天福茶园的独特魅力，使之成为成乐高速公路上一颗璀璨的明珠。

乐山大佛景区

世界上最大的古代摩崖造像

位于乐山城东岸岷江与大渡河交汇处，因建于凌云山峭壁，又名凌云大佛。大佛始建于唐朝开元元年（713），完工于贞元十九年（803），历时90年，距今已有1200多年历史。佛像比例匀称，体态庄严，通高71米，头高14.7米，头宽10米，肩宽8米，颈长3米，耳长6.7米，头上发髻1021个，头顶上每一个螺髻都可以放置一张大圆桌；它的脚背宽8.5米，可以围坐100多人。乐

山大佛比山西大同云冈石窟最高的大佛要高出3倍，比曾号称世界最大的阿富汗巴米扬大佛（高53米）高出18米，是名副其实的世界之最。

乐山大佛具有一套设计巧妙、隐而不见的排水系统，对保护大佛起到了重要的作用。在大佛头部共18层螺髻中，第4层、第9层和第18层各有一条横向排水沟，分别用锤灰垒砌修饰而成，远望看不出。衣领和衣纹褶皱也有排水沟，正胸向左侧的水沟与右臂后侧水沟相连。两耳背后靠山崖处，有洞穴左右相通；胸部背侧两端各有一洞，但互未凿通，孔壁湿润，底部积水，洞口不断有水渗出。正是这些水沟和洞穴，组成了科学的排水、降温和通风系统，防止了大佛的侵蚀性风化，使得大佛经历了千年风霜仍屹立在青衣江畔。

乐山大佛建成之初，还同时建有13层的楼阁覆盖其上，名叫"大佛阁"，为大佛作遮风避雨之用，可惜毁于明末的战乱之中。如今游人只能从大佛两侧山崖上的几十处孔穴想象当时的宏伟气势，那是当年建造楼阁时，安置梁柱的地方。

凌云山上还有精美的石龛造像、凌云砖

塔以及精致典雅的楼阁亭台和苏东坡读书楼等，使壮丽的凌云山更具人文气息。

🚗 **交通提示** 成都新南门客运站有到乐山的旅游专线车。去乐山港可在客运中心站门前乘9路车。从乐山大佛乘13路车到肖家坝车场，这里有到成都新南门汽车站和峨眉山的班车。

¥ **门票** 70元（含麻浩崖墓博物馆和乌尤寺）。

麻浩崖墓 以内涵丰富、雕饰精美而被誉为"南安（乐山古称）名墓之首"

位于凌云、乌尤两山之间的溢洪河道东岸。崖墓，是古代流行于乐山的一种仿生人住宅，凿山为墓的一种墓葬形式。这种墓葬因流行于1800多年前的东汉至南北朝时期，故称东汉崖墓。

墓中保存着许多汉代建筑、车马伎乐、鸟兽虫鱼图形，且有不少历史题材的神话故事，以及画经像石棺、书法题刻。同时，还有中国乃至世界遗留最早的佛教石刻造像。它是汉文化与印度早期佛教文化交融的具体反映。

麻浩崖墓其范围包括斧头湾，东西长约200米、上下宽约25米，有编号的崖墓544座，层层叠叠，墓门毗连，密如蜂房，极为壮观。

麻浩崖墓现已成为乐山汉崖墓博物馆。

凌云栈道、九曲栈道 抬头苍峰屏峙，低首水天一色

在乐山大佛左侧栖鸾、兑悦两个山峰的悬崖绝壁间。它削壁穿洞，架虚构空，藏奇露险，蜿蜒曲折，似一条腾空而起的巨龙。

小贴士 Tips

❶ 买票的时候一定要说清楚是去乐山大佛，乘坐旅游专线。去乐山和去乐山大佛的班车是不一样的。如果坐去乐山的班车，只能到乐山市。

❷ 旅游专线车下车时在乐山大佛景区前的石牌坊。这里有免费旅游车接待，但是会把游客送到东方佛都，然后告诉只能买东方佛都和乐山大佛的联票。东方佛都和乐山大佛是完全没有关系的两个景点，东方佛都是一个仿古石刻佛像主题公园，如果时间不够可以放弃。其实从东方佛都往回走10分钟左右就能到乐山大佛的北门。

❸ 乐山大佛博物馆和麻浩崖墓博物馆倒是值得一看。

❹ 如果仅仅是想看乐山大佛，可以到乐山港乘游船到三江汇流处观看。那里的角度最好。

❺ 去凤洲岛在乐山市城南的肖坝上船，枯水期是浮桥，涨水季节是摆渡。岛上的豆花饭味道不错。

❻ 在乐山大佛外围，有一尊全身长达4000余米，由几座山体组成的"巨型睡佛"，呈仰面朝天之势。著名的乐山大佛不偏不倚正好端坐在巨佛心胸部位。巨佛的头、身、足，分别由乌尤山、凌云山和龟城山三山连襟组成。观看卧佛的最佳位置在乐山市滨江路"福全门"。

栈道开凿于 1983 年年初，全长约 500 米，栈道北端与大佛脚平台相连，南端与璧津楼相通，与大佛右侧的九曲栈道构成一条回环曲折的旅游线路。

大佛右侧的石壁上，有一条险峻的栈道自上而下盘旋至大佛脚，这便是著名的"九曲栈道"，是与修建佛像同时开凿的。栈道第一折处的"经变图"雕刻精细，线条优美，并刻有楼台亭塔，是研究唐代建筑和石刻艺术的宝贵资料。在栈道上不仅能近距离地观看到乐山大佛的真容，还能感受到三江汇流、水天一色的壮阔，以及乐山市的繁华。

凤洲岛 观赏两江汇流与乐山大佛的好地方

绕城而过的大渡河在乐山南面形成了一个岛屿，人们将之命名为凤洲岛，岛上多茶馆和农家乐，是周末人们度假的好地方。四面环水，江上清风徐来，翠色柳丝拂面、清幽静谧、飞禽戏水、卵石布景。

乌木文化博览苑
精雕细刻的乌木世界

四川乐山乌木文化博物苑是一座以乌木雕刻艺术为主要内容，集乌木雕刻艺术品的收藏、研究、展览为一体的专题性博物苑。

大佛禅院文化旅游区
寺内的岩壁刻有"苏东坡载酒时游处"题字，清晰可见

位于凌云山栖鸾峰侧，与乐山大佛相邻。创建于唐代，后荒废。今寺为明、清所建，有由天王殿、大雄宝殿、藏经楼组成的三重四合院建筑。寺门正中高悬巨大金匾，上题苏东坡书"凌云禅院"四字。两旁联文是"大江东去，佛法西来"。既使人有佛法庄严之感，又表明了凌云寺所居地理位置，还巧妙地将"大佛"两字嵌于其中。寺内最后一重殿是藏经楼，原为寺内收藏佛教经卷的地方，于 1930 年新建。从它的结构和外形可以看出近代建筑风格，在寺中游览却另有一番情趣。楼下新辟"海师堂"，塑有大佛建造

者海通法师、章仇兼琼、韦皋的全身像，以此寄托后人对他们的敬仰之情。

凌云寺建筑雄伟，布局严谨，风景秀丽，有天下山水之观在蜀，蜀之山水在嘉，嘉之山水在凌云之誉。其上有新中国成立后修复的苏东坡载酒亭。

峨眉山风景名胜区

中国四大佛教名山，一生必游之地

位于四川盆地西南部，峨眉山市南郊7公里处，包括大峨、二峨、三峨、四峨四座

大山，人们常说的峨眉山，主要指的是大峨山。山体南北延伸，绵延23公里，山区面积约115平方公里。最高峰万佛顶海拔3099米，而山下的平原地区海拔仅400余米，相对高差在2600米以上，远远超过了久享盛誉的五岳和黄山等众多国内旅游名山。峨眉山气势磅礴，青秀苍黛，修长如眉，因《水经注》中写道："秋日澄清，望见两山相对如蛾眉焉。"故取名为"峨眉"。

峨眉山是著名的普贤道场，山上有各具特色的古刹30余处，四季暮鼓晨钟、香烟弥漫、佛音缭绕。其中著名的有报国寺、伏虎

寺、清音阁、洪椿坪、仙峰寺、洗象池、万年寺、华藏寺。山中现有文物古迹点164处，藏品近7000件，其中属国家定级保护的有850多件。被联合国专家称为世界上同纬度生物、植被保护最好的区域，并列入《世界文化遗产名录》。

🚗 交通提示 ❶火车：成昆铁路由北至南贯穿峨眉山全境，成昆线的各次列车均经停此站。列车车次常有变动，特别是春节及"五一"、"十一"期间常常会增开一些车次，请购票前先咨询车站问讯处或售票口。峨眉山火车站下车后乘18路公交车或出租车前往市区。❷汽车：成都新南门旅游客运中心、茶店子客运站、金沙客运站、城北客运中心均有车发往峨眉山。新南门旅游客运中心的车多发往报国寺旅游车站，其他车站发的车多到峨眉山客运中心站。市区到报国寺可在名山中路的峨眉山公交车总站乘12路或乘出租车前往。乐山大佛景区外也有很多当地人的私车拉客去峨眉山。峨眉山市的汽车站主要有客运中心站和旅游车站（报国寺附近），发往各地的车都有，到成都和乐山是最多的。

🎫 门票 150元，报国寺8元；旅游专线车：报国寺→五显岗20元，报国寺→万年寺30元，报国寺→雷洞坪40元。缆车：金顶缆车40元（上行），30元（下行）；万年寺缆车30元（上行），20元（下行），45元（往返）。

🛏 住宿参考 峨眉山上几乎所有的大小寺院都备

峨眉灵秀温泉

有客房。另外在清音阁、洗象池、雷洞坪等一些地方还有很多私人住宿的地方，金顶还有些宾馆。如果要住寺院，最好住规模大点的寺院，那些小到只剩一个殿的寺院的住宿条件会比较差。一般可以选择的寺院有：清音阁、息心所、华严顶、洗象池、金顶卧云庵、仙峰寺、洪椿坪。除了金顶卧云庵外，主要集中在从洗象池经洪椿坪到清音阁这一线。

❶邮电宾馆：位于报国寺附近，环境不错，茶座设在绿树掩映下的长廊上，有点儿园林的感觉。

❷红旗饭店：位于万年寺停车场旁边。

❸金顶山庄：位于金顶上。

❹金顶大酒店：就在金顶上，条件还可以，淡季房价可打5折。

🍴 **美食情报** 在峨眉山一定要品尝寺庙里的斋饭，很有特色；除此之外景区内的各类饭店都比较贵，最好自己带干粮上山。山脚的餐馆基本上都能打7折，不过最终多少还要靠自己的砍价能力。

佛家素席 峨眉山报国寺、伏虎寺、神水禅院、万年寺皆有素席提供，以普通的豆制品、面精、蔬果为原料，加上悟出的禅意，烹制出与世俗形色味相似的佳肴，令人真假难辨。人均消费10～150元不等，丰俭由人。

峨眉冻粑 峨眉冻粑只有在过年之前的一两个月才有。先将糯米打磨成粉糊状后，利用冬季的气温进行低温发酵，再和以猪油块、白糖，讲究的人家再放点黑芝麻，用山中特有的一种植物俗称"粑叶子"包好蒸熟，香甜可口。

👁 **精彩看点** 峨眉山金顶上的四面十方普贤金像是世界上最高的金佛，也是第一个十方普贤的艺术造型。通高48米，总重量达660吨，金佛设计完美，工艺流畅，有极高的文化价值和观赏审美价值，是海峡两岸艺术家心灵的碰撞及智慧的结晶。

🎁 **最佳伴手礼** 峨眉山的"竹叶青"是中国名茶之一。峨眉山的雪魔芋营养成分高，品质也很好。请一件寺院高僧开过光的饰品，是拜访这座佛教名山后的最佳留念。

⚡ **友情提示** ❶峨眉山从山脚的报国寺到雷洞坪、五显岗、九岭岗等停车场距离很远，如果赶时间的话，建议还是坐大巴到半山腰再开始游览，否则徒步游峨眉山据说至少3天。

❷去峨眉山最好结伴而行，因为山中的猴子比较顽劣。不要提塑料袋或者在敞开的袋子里放吃的东西，也不要当着猴子的面掏口袋，不要穿红色的衣服，也不要和猴子发生接触。在没有工作人员的猴区尽量快速通过。

❸峨眉山报国寺附近有一个灵秀温泉，环境不错。

报国寺　山下的第一座寺庙，峨眉山八大名寺之一、佛教活动中心

报国寺坐落于峨眉山麓，建于明万历年间，明末毁于战火。清顺治年间重建，清康熙敕名"报国寺"。后经两次扩建，成为四层殿宇和亭台楼阁俱全的宏大寺庙。报国寺第三殿——七佛殿后有一尊高 2.4 米、国内罕见的大型彩釉瓷佛，身缀千叶莲衣，仪态丰满，神情端庄，为永乐十四年（1416）在江西景德镇烧制，是极珍贵的文物。第四殿是藏经楼，楼中藏有佛经和元代书法家赵孟頫书《王右军兰亭序》大条幅及郑板桥、康有为、张大千、徐悲鸿等名家墨迹。

寺外凤凰包上有一座亭子，亭内挂有一口大钟，为明代嘉靖年间圣积寺住持别传禅师所铸，高 2.3 米，重 1.25 吨，上刻自晋以来历代君王、文武将相、高僧居士姓名和铭文、佛偈 7 万余字。

报国寺左右两侧均有山路上山。右线经万年寺达金顶，左线经伏虎寺、清音阁等直达金顶，全程 64 公里。

伏虎寺　峨眉山第一大寺

从报国寺西行约 1 公里就到了伏虎寺，因寺后山峰形似老虎而得名。伏虎寺始建于南宋绍兴元年（1131），原寺明末遭毁。于清顺治八年（1651），由贯之禅师重建，建成十三重殿宇的宏大寺庙。伏虎寺周围楠木参天，浓荫蔽日，而寺内的普贤殿屋顶却终年不积落叶，洁净如洗，一尘不染，清康熙皇帝赐名"离垢园"。大殿右侧有一华严塔亭，内置明代铸铜经华严塔一座。塔高 6 米，共 14 层，八角对称。塔身铸有 4700 余尊小

峨眉三峰——金顶、千佛顶、万佛顶

佛像和《药师经》、195048字的《华严经》等经文。佛像眉目清晰，经文工巧秀丽，为峨眉山重要文物之一。

萝峰庵　"萝峰晴云"为峨眉十景之一

伏虎寺后有一小庵名"萝峰庵"，四周修竹丛生，乔木茂盛，清代太使蒋超便是在此完成了22卷、12万字的《峨眉山志》，病逝后葬于萝峰岭下。天气晴朗时，可以看见峨眉十景之一的"萝峰晴云"。

清音阁　峨眉十景之一的"双桥清音"就在这里

踞牛心岭下，海拔710米，是峨眉山八大寺庙之一，左通洪椿坪、仙峰寺，右达白龙洞、万年寺，过去为上山朝拜、观光必经之地。寺庙虽小，地势险要，山环水绕，景色优美，是我国佛寺园林建筑的典范。

由于受地形的限制，清音阁只有一个殿堂，供奉华严三圣，中为释迦牟尼佛，左为文殊菩萨，右为普贤菩萨。

万年寺　峨眉山开山第一寺

报国寺以东15公里处便是万年寺，寺庙背倚双龙岭，面向钵盂山，为峨眉六大古寺之首。万年寺原名普贤寺，始建于东晋隆安五年（401），唐代重建，易名为白水普贤寺。寺中有一尊普贤骑白象铜像高7.35米，重62吨，铸于北宋太平兴国四年（979），历经几次火灾均完好无损。

现在的万年寺为明万历二十八年（1600）重建，明神宗赐额"圣寿万年寺"。为防火灾，此次建为无梁砖殿，无梁殿是我国古代建筑史上一大奇观。主殿长宽均为16米，墙壁、斗拱、窗棂皆为砖砌，屋顶中空、螺旋式，四周呈方形，全殿无梁无柱，不用一木，故称"无

峨眉山双桥清音

梁殿"。殿中为普贤菩萨，两侧和上方供有3000尊铁佛和12尊金人。无梁殿风格别致，屋檐门窗及穹隆顶图案优美，色彩鲜艳。

洪椿坪　"洪椿晓雨"为峨眉十景之一

清音阁上行6公里便是海拔1100米、位于宝掌峰下的洪椿坪。寺庙始建于明万历五年（1577），由楚山禅师所建，原名"千佛禅院"。明崇祯年间，德心禅师续建时因寺外有千年洪椿古树3棵，于是改名为"洪椿坪"。清顺治年间再次扩建。寺中"忘尘虑"匾额和"锡飞常近鹤，杯度不惊鸥"对联，均为清康熙皇帝亲笔题赐。另有清人冯庆樾所撰"双百字"楹联，是全山第一长联。

寺内藏有一盏清末制造的千佛莲灯，上雕500尊佛像，造型生动，神态各异。奇特的是，灯上还刻有小说《封神演义》中描写

峨眉山法会

的道家神仙故事，雕镂精美，为珍贵文物。

春夏之晨，雾气弥漫，千枝滴翠。人行其中，眼见是雾，衣沾是雨，有诗曰："山行本无雨，空翠湿人衣"，被称作"洪椿晓雨"，是峨眉十景之一。

生态猴区　峨眉山的一条必游风景线

位于洪椿坪下、清音阁上的"一线天"附近，是目前国内最大的自然野生猴区。猴区内设栈道、亭子、索桥，方便游人观猴、逗猴。

峨眉山猴也实行"朝九晚五"上班制。每天 9:00 左右，猴区就像集市般热闹。随着管理员打锣、吹哨声，猴儿们便在猴王的率领下，扶老携幼、拖儿带女地来到猴区游山道和栈道旁"上班"，与人同乐，直到 17:00以后在管理员的催促和呔赶下才告别游人

"下班"。

峨眉山猴种名藏猴或西藏猴，别名四川短尾猴、大青猴，因生活在佛教名山，故又名"猴居士"。藏猴在十几种猕猴属动物中体形最大。猴区内现有三支家族式野生猴，300 余只。

至此，大多怯而止步。

仙峰寺始建于元代，原名"慈佛院"，明万历年间改建，因寺左有一高峰，终年云雾缭绕，时隐时现，恍如仙境，故名"仙峰寺"。寺外500米处有一巨石高10米，长16米，上面刻有"南无阿弥普贤菩萨"八个大字，顶端刻有"仙圭"二字，人称"三峰石"。仙峰寺右侧不远的半岩上，有一个幽深而神秘的石灰岩溶洞——"九老洞"，传说古代黄帝问道的九位老人就住在洞中。洞口高约4米，洞内大洞套小洞，曲曲折折，深不可测，洞壁石乳凝聚，斑驳陆离。相传财神赵公明曾在此隐居修炼。春夏之交，这一带繁花似锦，鸟语花香，仿佛置身于世外仙府，这就是峨眉十景之一的"九老仙府"。

雷洞坪　全山最美的景致就在这一段，是杜鹃最集中的地区

雷洞坪距洗象池约7.5公里，经过曲折迂回的"八十四盘"即到。这段山路是全山最为陡峭难行的几段山路之一，也是全山自然风光最为奇美的路段之一，这里是峨眉高山杜鹃的集中区。初夏时节，沿途杜鹃怒放，成林成片，颇为壮观。雷洞坪下一株高13

仙峰寺　"九老仙府"疑似仙人居所

由洪椿坪上行约15公里可到仙峰寺，仙峰寺也叫九老洞。其间要途经全山三大陡坡之一的"九十九道弯"，这是全山坡道最长、最陡、石级最高、拐弯最多的一段路，游人

小贴士　　　　　　　　　　Tips

戏猴注意事项

在峨眉山上山沿途会看见许多可爱的猴子。在观察和欣赏它们时，应保持一定的安全距离；遵守野生动物保护制度，不要用自备食物喂猴，需从猴区猴粮销售点购买特制猴粮喂猴；如遇猴群拦路索食，不要惊呼、奔跑，可向管理员求助；喂食时保持自然大方的姿态，切忌抚摸猴子；请按管理人员指导的正确方法喂食；请妥善保管好自己的行李和物品，建议寄放在猴区管理站行李房，不要让猴子发现你的手提袋，以防被夺。

米、胸径 2.7 米的"美容杜鹃"，树龄已有 450 岁，被称为"杜鹃皇后"。

雷洞坪海拔约 2400 米，温差很大，冷暖气流极易在岩下成饱和状态，高声喧哗的震动可引发雷雨，游人们可以在此"呼风唤雨"。

雷洞坪的积雪期很长，又因雪质上佳，坡度适宜，还开设了高山滑雪场。

峨眉金顶 峨眉山"金顶四奇"日出、云海、佛光、圣灯最集中的地方

由洗象池上行 15 公里，经过一道有 2380 余级石级的险坡——七里坡，再经过接引殿便到了海拔 3077 米的峨眉金顶。

金顶以高达 48 米的十方普贤圣像为中心，由金光耀日的金殿、雄浑庄严的铜殿、银光灼灼的银殿和洁白的朝圣大道组成。

万佛顶位于 3099 米的峨眉之巅，明清时此处曾建有文殊庵和藏经楼，藏有精本经书 400 册，为全山之冠，可惜现已遭毁。游人至此极目远眺，向西可见白雪皑皑的贡嘎山，向东则见农田河流阡陌纵横，其壮观的景色让人难以言表。

🕐 **时间** 5:30 ～ 18:00

🎫 **门票** 金顶缆车（接引殿→金顶）上行 40 元，下行 30 元，往返 70 元。

👁 **精彩看点** 睹光台和舍身崖是望日出，观云海，赏圣灯，看佛光的最佳地点。

峨眉山—天梯

大熊猫栖息地世界自然遗产之旅——
团团圆圆故乡行

　　四川大熊猫栖息地位于四川省中部，包括卧龙、四姑娘山、夹金山脉，南北长180公里，东西宽40～70公里，面积9000余平方公里，涵盖成都、阿坝、雅安、甘孜4个市州12个县。这里生活着全世界30％以上的野生大熊猫，是全球最大最完整的大熊猫栖息地，也是全球除热带雨林以外植物种类最丰富的区域之一。

精选线路①

成都市→雅安市→成都市

沿途推荐景区景点 蒙顶山风景区、碧峰峡大熊猫基地、碧峰峡风景区、周公山温泉公园

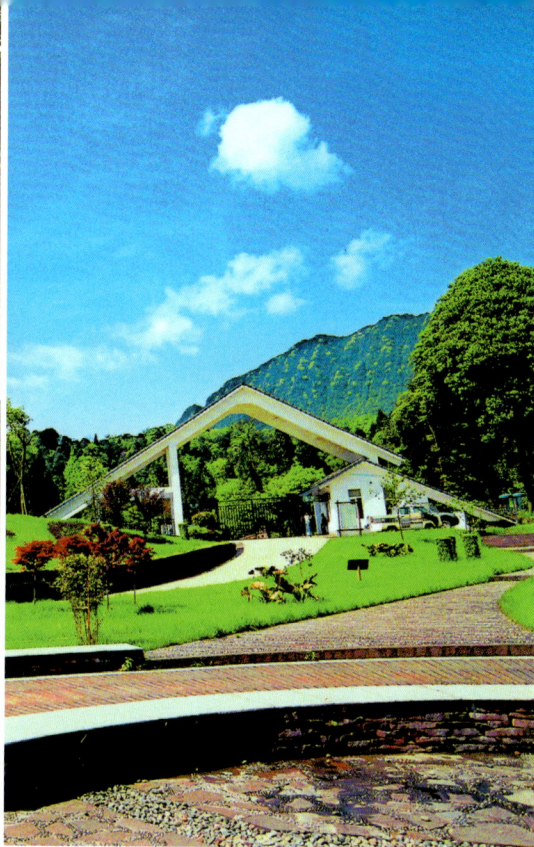

蒙顶山风景区

云的洞府 茶的故乡

蒙顶山位于名山县城西，因春夏季节常云雾蒙顶而得名，是一座历史悠久、风景秀丽的名山，也是我国有史可查的最早人工栽培茶树的地区之一，其所产茶叶因品质优异，自唐至清都被列为贡品。

蒙顶山山顶为一小盆地，四周山峦起伏，林木葱郁，雾气缥缈，群鸟啾啾，景色宜人。周围三座海拔 500 米以上的山峰呈鼎足之势环绕。到蒙顶山有 3 条路可以上：一条由北麓沙地村上山，沿路有上马石、缚虎山、双喜岭等多处胜景，路径盘曲逼仄；一条从东麓赖家村上山，羊肠小道，陡峭难攀；另一条由南面芭蕉东岭头上山，路宽阔平缓，山上茶民都从此路上下。

蒙顶山天峰脚下原有一所天寿寺，一度列为丛林，僧人众多，香火颇盛。日本高僧几次上山朝香，并且献有一块匾额，上有草书"海上奇观"四字。匾额现保存在县文物管理委员会。峰间尚存古梦井、甘露石室、皇茶园、石麒麟、宝墙等遗迹。

🍴 **美食情报** 雅安历史悠久，这里美食很多，特别是小吃，如：挞挞面，味道极好，还有牦牛肉卷花椒味道很独特，是下酒的好菜。

夜晚，坐在雅安市内廊桥边的啤酒屋内，一边感受温润的江风，一边品尝地道的当地美食。

雅安蒙顶山茶叶在明清时期是贡茶，不仅品质优良而且种植历史悠久。

雅安的汉源花椒可是"天府十宝"之一。

蒙山仙竹，又名方竹，稀世珍品，独产蒙山，笋肉白如玉，脆薄鲜嫩，堪称佐餐之佳肴。

碧峰峡景区

蒙山独产的空心白果，用来炖子鸡，有极高的食疗食补价值。

👁 精彩看点 雅女，雅安的美女在四川是出了名的，也是雅安一条亮丽的风景线。

皇茶祭天祀祖采制大典，每年3月底雅安市名山县陈家坝将举行皇茶祭天祀祖采制大典，此活动属于主题性很强的民俗活动。整个皇茶祭天祀祖活动采用黄色华盖伞来布置活动场所，活动围绕采茶、祭天、祭祖（吴理真），利用这一活动促进茶叶交易。

碧峰峡大熊猫基地

熊猫和女娲，期待邂逅谁

碧峰峡因林木葱茏、四季青碧而得名。在这里你能呼吸到群山幽谷酝酿的芳醇空气，寻找那些曾在此发生过的爱的、美的传说故事，还可以与大熊猫亲密接触。

碧峰峡风景区

因林木葱茏、四季青碧而得名

碧峰峡风景区由两条峡谷构成，左峡谷长7公里，右峡谷长6公里，呈"V"字形，青峰对峙，景色秀雅。景区有黄龙峡、天仙桥、天然盆景、千层岩瀑布、白龙潭瀑布、女娲池、滴水栈道等景点。峡内有瀑布、溪潭50余处，有的似银丝飞珠溅玉，有的如白练凌空下泻，构成了碧峰峡景区一道独特风景线。

黄龙峡峡长4公里，陇西河盘旋于峡谷之中，蜿蜒湍急。两岸峭崖夹峙，林木蔽日，飞瀑垂挂，山泉潺潺。位于右峡旅游栈道处的滴水栈道，溪水从 10 余米的裸岩上均匀洒落，水珠飞溅，沁人心脾。

女娲池位于景区白龙潭瀑布下，为瀑布多年冲刷而形成的开阔潭池，传说为女娲沐浴之所。池周青山绿翠，花香鸟语，池水清澈见底。

碧峰寺位于碧峰峡翠屏山巅，又名翠屏寺，海拔 1250 米，始建于唐，明代重建。寺庙依山就势，几经兴废，现存观音殿、石牌坊、石狮、香炉等。

🚗 **交通提示** 成都新南门汽车站有直达碧峰峡的专线旅游车。也可以到成都石羊高速公路客运站乘坐"成都→雅安"的班车，抵达雅安后再坐三轮车或出租车至上里乘车点，搭乘至碧峰峡的班车。

💰 **门票** 118 元，含大熊猫基地。（台湾游客持木栅动物园门票可免票进入）

👉 **友情提示** ❶ 可沿 1.5 米宽的石板路在峡区内环绕旅游。❷ 可搭乘当地人的面包车上山，至翠屏寺。❸ 当地人自制的凉粉味道不错。

周公山温泉公园

风景秀丽的温柔之乡

周公山温泉公园位于风景秀丽、山环水抱的周公山山麓，周公山穿行其间，宛如丝带自山顶而下，更增添一份柔美。有"蜀山第一汤"之称的、开采于地下3000多米的温泉。周公山温泉水具有极高的医疗保健价值，对多种皮肤病、创伤、疤痕、风湿性关节炎、妇科疾病、神经系统等多种疾病具有特殊疗效和保健功能。

公园内植被丰富、田园风光诗情画意，而品质优良、水量丰富的周公山温泉，更为一处天然的度假胜地。

小贴士 Tips

泡汤应注意

用餐 1 小时以后才适合入浴；浴前先将身体冲洗干净，并做些暖身运动；进入浴池前，先以手、脚试探水温（以45℃为最佳），再由下半身慢慢浸泡，深度以不超过心脏位置处为宜，第一次入泡3～5分钟后应起身休息约3分钟，其后每次入泡以15分钟为限；休息时可做深呼吸，并注意通风是否良好，配合简单的柔软操，舒活筋骨；每趟泡汤时间以不超过2小时为佳，泡完时，先让身体出汗3～5分钟，并喝温水补充水分，这样才会避免出现眩晕的状况。

精选线路❷

成都市→汶川县→成都市 🚗

沿途推荐景区景点 成都大熊猫繁育研究基地、卧龙大熊猫繁育中心、汶川大禹祭坛、"5·12"汶川地震震中遗址

成都大熊猫繁育研究基地

认识大熊猫、回归大自然的极佳场所

　　成都大熊猫繁育研究基地建立于1987年,位于成都北郊斧头山,距市区10公里,有一条宽阔的熊猫大道与市区相连,现已成为国内开展大熊猫等珍稀濒危野生动物移地保护的主要基地之一。

　　基地以建立初期从野外抢救的6只大熊猫为基础,已成功地使大熊猫圈养种群数量增加到约70只。大熊猫博物馆内资料珍贵、展品丰富,是认识大熊猫、回归大自然的极佳场所。除大熊猫外,小熊猫、黑颈鹤、白鹳和白天鹅、黑天鹅、雁、鸳鸯及孔雀等动物,也在这里悠然自得地生息繁衍。

🚗 **交通提示** 成都昭觉寺汽车站乘107路、532路公交车可达。

💰 **门票** 58元

✍ **友情提示** 最好早上早点去大熊猫基地。因为中午前后,大熊猫们就要准备休息了。

卧龙大熊猫繁育中心
走进世界最大的熊猫王国

中国卧龙大熊猫繁育中心成立于20世纪80年代，那是野生动物们的危机年代。珍贵的竹子开花了，无法供大熊猫食用。那个时候工作人员救下了不少熊猫，随后就开始了全面的工作——利用被拯救的野生大熊猫开展人工繁育。这个非凡的任务一直到20年之后才真正见到成效。

繁育中心位于"卧龙—四姑娘山—夹金山脉"四川大熊猫栖息地的核心区域，1980年成为联合国教科文组织"人与生物圈"保护区网成员；1983年建立四川省卧龙特别行政区；2006年7月作为四川大熊猫栖息地最重要的保护区列入世界自然遗产名录；是我国建立最早、面积最大、以保护大熊猫及高山森林生态系统为主的综合性国家级自然保护区。卧龙有野生大熊猫143只，占野生大熊猫总数的10%，有圈养大熊猫120只，占圈养总数的近60%，被誉为"熊猫王国"。

小贴士 Tips

大熊猫的故事

公元1867年5月，戴维神甫第二次进入中国，被派往四川成都华西坝的天主教堂工作。不久，在他的请求下又派到了位于川西，条件十分艰苦的邓池沟天主教堂传教。在邓池沟天主教堂期间，除传教外，他把更多的时间和精力用在了从事动植物的研究上。1869年3月11日这天，是戴维神甫终生难忘的日子。这天，当他采集标本返回教堂的时候，遇上了当地一姓李的富户。这家李姓主人盛情邀请戴维一行到他家去吃些茶点。当他们走进李家堂屋时，一张展开的黑白相间的非常奇特的动物皮引起了戴维极大的兴趣。一位教徒告诉他，当地人叫这种动物为"黑白熊"，因它喜欢吃竹子，又称其为"竹熊"，它性情温驯，一般不伤人。戴维听后，异常激动，当时他就断定这种动物可能成为动物学上一个有趣的新种。

1869年5月4日，戴维雇请的猎手们终于给他带来了振奋人心的消息，经过日夜守候，他们终于捕获到一只黑白熊和6只仰鼻猴（金丝猴）。戴维决定将这只可爱的黑白熊带回法国。可是，要把这个宝贝从地处川西山地的穆坪（宝兴）带到大西洋彼岸的法兰西，在当时交通条件下几乎是不可能的。结果，还没有被带到成都就奄奄一息了。戴维神甫非常惋惜，只好将这只黑白熊做成标本，连同他在宝兴境内采集的金丝猴、绿尾虹雉、珙桐等数十种动植物标本，一起带回巴黎进行展出，立即引起了世界轰动，并被命名为"猫熊"。当时展出的许多标本至今还保存巴黎国家博物馆中。

后来，我国生物学者在重庆北碚举办了一次动物标本展览。展品标牌上分别用中英两种文字书写着"猫熊"的学名。但由于当时中文的书写是从右到左，故而国人却把按英文书写方式（由左到右）书写的"猫熊"读成了"熊猫"。此后，"熊猫"的称谓便流传开了，以至沿用至今。

从此，"熊猫"这个现代名称就这样诞生了！戴维也就成了第一个向西方世界介绍中国宝兴大熊猫的外国人。

5·12汶川大地震漩口中学遗址

汶川大禹祭坛

大禹故里、西羌古城

位于四川省汶川县绵虒镇，建成于2011年4月19日。祭坛分为禹台景区和禹王纪念馆景区两大部分，内容包括甬道、大禹殿、禹台、大禹研究会馆、禹王殿、圣母祠等建筑群，祭坛的主体工程材料全部使用福建的白麻石材，祭坛上的大禹雕像，由全国著名雕塑家叶毓山先生的精心设计制作。

"5·12" 汶川地震震中遗址

这里记载了那段灾难和在灾难中艰难前行的人们

汶川县映秀镇路口，矗立着一块写着"5·12震中映秀"几个大字的巨石。这块巨石是地震时山体崩裂滚下来的，如今成为震中映秀的标志性路牌。

2008年5月12日14:28:04，汶川县映秀镇南方向约11公里处（北纬31°，东经103°24′）发生里氏8.0级特大地震，震源深度14公里。昔日秀美的映秀几乎被夷为平地。

"5·12"汶川地震震中，位于映秀镇百花大桥之上的牛眠沟口、莲花心至漩口镇的蔡家杠村。汶川地震从这里开始，几百万立方米的岩石碎块从陡峭的山崖上倾泻而下，形成长达近3公里的岩石流和9处山体击打面的震源景观。原牛眠沟被瞬间填高30米。

汶川地震中，都汶公路全线80%的道路被损毁，10余公里的路段被崩塌的山体完全覆盖，50余座桥梁受损，7座桥梁完全垮塌，数十处山体滑坡。其中，位于映秀与漩口交界的百花大桥，桥面断裂，桥墩震毁，全长500米的大桥轰然整体垮塌。

🚗 **交通提示** 可经新建的都江堰→映秀高速公路到达汶川映秀镇，车程约20分钟。

⚡ **友情提示** 映秀地震一日游：从成都出发，沿紫坪铺库区而上，观赏"地震壁画"，经漩口集中村、百花"5·12断桥"抵达震中映秀，参观张家坪牛眠沟"汶川大地震震源点"、"漩中遗址"等景点，登"5·12长街"纪念地震遇难者，后可抵达老虎嘴和银杏。中途可在集中村体验灾后新村的农家乐餐饮，也可在映秀板房用餐，参观完景点后当天原路返回成都。

2

古蜀文明寻踪

金沙遗址

古蜀文化

　　是指从远古时期到春秋早期，产生于我国今四川地区（包括四川省和重庆市等地）不同于中原文明却又与中原文明有着千丝万缕关系的古文明。目前留存的遗址主要有成都金沙遗址、广汉三星堆遗址等。

精选线路

成都市→广汉市→成都市

沿途推荐景区景点 杜甫草堂博物馆、金沙遗址博物馆、永陵博物馆、四川省博物馆、三星堆遗址博物馆

杜甫草堂博物馆

是有关杜甫平生资料与创作馆藏最丰富、保存最完好的地方

位于成都西门外的浣花溪畔。公元 759 年冬天，杜甫为避"安史之乱"，携家入蜀。靠亲友的帮助，在成都西郊风景如画的浣花溪畔修建茅屋居住，称"成都草堂"。在这里，杜甫居住了将近四年，所做诗歌流传到现在的有 240 多首。

其实杜甫当年居住的草堂早已不复存在，现在看到的，实际上是后人为纪念杜甫所建。从正门开始，依次是大庙、诗史堂、柴门、工部祠。其中大庙、柴门是杜诗中提到的草堂原有建筑，诗史堂正中是杜甫立像，堂内陈列有历代名人题写的楹联、匾额。工部祠内供奉有杜甫画像。

杜甫草堂

⏱ **时间** 9:00 ~ 17:30

🚗 **交通提示** 乘 17 路、30 路、35 路、47 路、82 路、85 路、309 路、503 路公交车可到达。

💰 **门票** 60 元

👁 **精彩看点** 杜甫草堂旁边有一座浣花溪公园，里面绿树、湖泊，茶园点缀，是成都人休闲喝茶的好去处。公园内的地面上铺有一条数百米长的诗廊，篆刻着中国历代以来的著名诗词。

金沙遗址博物馆

古蜀文明发展演进的关键一步

金沙遗址博物馆是为保护、研究、展示金沙遗址及出土文物而设立的主题公园式博物馆，总建筑面积约 35000 平方米，由遗迹馆、陈列馆、文物保护中心、园林区等部分组成。2001 年出土的太阳神鸟金箔图案，于 2005 年被国家文物局正式确定为中国文化遗产标志。馆藏金沙遗址发掘出的各种珍贵金器、玉器、青铜器等，以及国内文物界少见的古代象牙及象牙制品。

遗址年代大致在商代晚期至春秋早期，商代晚期至西周中期是它最繁盛的时期，这一时期金沙应是古蜀国的都城所在地。它与成都平原的史前古城址群、三星堆遗址、战国船棺墓葬共同构建了古蜀文明发展演进的四个不同阶段。

⏱ **时间** 8:00 ～ 18:00

🚗 **交通提示** 成都市城西金沙遗址路 2 号。从成都新南门车站可乘 901 路观光公交车抵达。

¥ **门票** 80 元

🍴 **美食情报** 博物馆旁边有清溪西路美食一条街，美食很多，火锅和汤锅特别有特色，可在博物馆出口乘 7 路公交车到达。

永陵博物馆

鬼斧神工般精湛的石刻艺术

陵墓建筑和精湛的石刻艺术，仍可算得上是陵宫艺术之花。

又称"王建墓"，位于一环路内西门三洞桥，是五代时前蜀皇帝王建的陵墓。墓封土高 15 米，直径 80 米，周长 225 米。气势胜过刘备的"惠陵"。

永陵的精髓是地宫，里面不管是王建的石像，还是其棺床周围的石刻二十四乐伎、十二扶棺力士浮雕，都堪称杰作。大门右侧的永陵博物馆内，收藏了许多五代时期的精美文物。后室放置御床，正面有双龙戏珠浮雕，左右是狮兽浮雕。床上则是王建的坐像，神态肃穆。整个建筑气魄雄伟，装饰华丽精美。

⏱ **时间** 8:30 ～ 17:30

🚗 **交通提示** 乘 25 路、30 路、42 路、48 路、54 路、94 路、109 路、302 路公交车可到达。

¥ **门票** 20 元

四川省博物馆

四川的"聚宝盆"

四川省博物馆创建于 1941 年 3 月，1952 年由"川西博物馆"更名为"四川博物馆"。是收藏和展出四川省文物的重要场所。现有馆藏文物 30 万件，其中最具特色的是巴蜀青铜器、张大千绘画作品、四川汉代画像砖和陶塑等。

三星堆遗址博物馆
这里的考古发现震惊世界

三星堆遗址是我国已发现的历史最早、规模最大的古蜀都城遗址。博物馆的大门就像几个遗址发现的青铜面具组合在一起，非常有特色。馆内展厅面积达 4000 平方米，展示上千件商代祭祀坑出土的陶器、玉器、骨器、金器和青铜器等珍贵文物。

在这批古蜀秘宝中，有高 2.62 米的青铜大立人像，有宽 1.38 米的青铜面具，更有高达 3.96 米的青铜神树等，均堪称独一无二的旷世神品。而以流光溢彩金杖为代表的金器，以满饰图案的边璋为代表的玉石器，亦多属前所未见的稀世之珍。

🕐 **时间** 第 一 展 馆 8:30 ～ 18:00，第 二 展 馆 8:30 ～ 18:30。

🚗 **交通提示** 位于三星堆遗址东北角，南距成都 40 公里。从成都昭觉寺汽车站乘班车到广汉，然后乘 6 路公交车可直达三星堆。在广汉下车后不用出站，在原地等 6 路公交车即可。不过间隔时间有时候会比较长。或者从广汉汽车站打车到三星堆，约 15 元。

¥ **门票** 82 元

✍ **友情提示** ❶三星堆内导游讲解费 80 元。不过博物馆内有许多自助语音讲解系统，可提供免费语音讲解。❷如果对三星堆历史不是很了解的话，可以先到青铜馆四楼的放映厅观看一下《考古中国》有关三星堆的系列介绍。

三星堆出土的青铜神树

小贴士 *Tips*

最佳伴手礼——绵竹年画

绵竹年画历史悠久，它究竟起源于何时，至今还是一个谜。绵竹年画以彩绘见长，具有浓厚的民族特点和鲜明的地方特色。绵竹年画构图讲求对称、完整、饱满，主次分明，多样统一；色彩上采用对比手法，设色单纯、艳丽，强烈明快，构成红火、热烈的艺术效果；线条讲求洗练、流畅，刚柔结合，疏密有致，具有强烈的节奏感；而夸张、变形、象征、寓意的造型，更具诙谐活泼的效果。

三国文化之旅

　　三国是中国历史上天下大乱，英雄辈出的时代。在血与火的征战中，英雄们不仅创造了传世历史，也造就了灿烂的文化。千百年来，三国的文化因子，已深深积淀在中华民族的血液中，不管是帝王将相、文人墨客，还是凡夫俗子、乡野村夫。追寻三国文化，从某种意义来说，也是在追寻民族的精神。

精选线路

成都市→绵竹市→罗江县→绵阳市→梓潼县→剑阁县→苍溪县→阆中市→南充市→成都市

沿途推荐景区景点 武侯祠、诸葛双忠祠、庞统祠墓、蒋琬墓、富乐山风景区、剑门关景区、翠云廊景区、明月峡景区、西山风景区

还可顺游景点 昭化古城（见本书 p.166）、阆中古城（见本书 p.149）

武侯祠

武侯祠

中国的武侯祠以陕西勉县的最早、成都的最为有名

　　成都武侯祠是祭祀刘备与诸葛亮的庙堂，是中国唯一的一座君臣合祭的祠堂，距今已有 1500 年的历史。诸葛亮作为中国历史上著名的军事家、政治家，喜欢三国文化的人到了成都不到武侯祠，会被人称作"伪三国迷"。

　　武侯祠坐北朝南，古柏苍翠，红墙环绕。依次是大门、二门、刘备殿、过厅、诸葛亮殿五重，以西侧的刘备陵园、二门至刘备殿与东西殿、过厅至诸葛亮殿与东西两厢房，形成两组四合建筑结构。祠内的蜀汉历史人物泥塑像多达 47 尊，按蜀汉君臣分列上下，均出自清代民间雕塑家之手，是成都武侯祠的一大特色。西侧是刘备墓，史称惠陵，墓冢封土高 12 米，周长 180 米，墓前有"汉昭烈皇帝之陵"墓碑。

　　唐碑为祠内的最重要的文物，耸立在大门和二门之间，建于唐宪宗元和四年（809），距今已有 1200 余年。此碑因文章、书法和所称颂的诸葛亮功德均为盖世妙绝，在明代被誉为"三绝碑"。另外，在武侯祠还可以看到很多历史名人对那段历史或人物的凭吊，尤以宋代岳飞手书的诸葛亮的《出师表》和清末的《攻心联》最为著名。

　　武侯祠还有一个名字叫汉昭烈庙，但已经很少有人知道了。武侯祠南侧是成都武侯祠博物馆，是三国文化的资料收藏与研究中心。

⏱ **时间** 夏季 7:30 ~ 21:00；冬季 8:00 ~ 18:30。

🚗 **交通提示** 乘坐 1 路、8 路、53 路、57 路、59 路、82 路、109 路、110 路、301 路、302 路、335 路、503 路等公交车可到达。

💰 **门票** 58 元（邮资明信片门票 60 元），年票 100 元。

✍ **友情提示** ❶除刘备殿和孔明殿外，石兽、三绝碑和三国文化陈列室是值得品味的景点。❷在武侯祠游览时记得打听川剧表演时间，因为旁边的古戏楼晚上常常有川剧折子戏表演。

🔥 诸葛双忠祠
三代忠义千古楷模

在成都和绵竹各有一处，是四川省重要的蜀汉遗迹之一。成都武侯祠大殿内供奉有诸葛亮祖孙三代于一堂的塑像，而绵竹双忠祠原有的塑像也是祖孙三代，前殿祀诸葛瞻父子，启圣殿祀诸葛亮。表明了诸葛亮祖孙三代忠贞无二，"鞠躬尽瘁，死而后已"的高风亮节。

🔥 庞统祠墓
明知落凤存先帝，甘让卧龙作老臣

庞统祠墓，位于罗江县西。三国时，庞统是与诸葛亮齐名的杰出谋士，时称"伏龙、凤雏，得一人可安天下"，后均为刘备所得。庞统战死后，刘备特为其所建。祠、墓周围松柏千株，郁郁葱葱，风景如画。祠内天井有大柏两株，相传是张飞所栽。祠墓旁有车辙深邃、长满苔藓的古驿道，有诸葛亮长子诸葛瞻与魏军邓艾浴血奋战尽忠的将台，奇石沟壑、溶洞山泉，堪称蜀汉遗迹之一绝。

🔥 蒋琬墓
开国上将张爱萍为墓主人亲笔题匾

位于绵阳市西山公园内凤凰山上。墓高 4.65 米，墓围 31.6 米，为八角形覆钵式建筑，由座、身、檐、顶四部分组成，形制奇特。墓前立有一通高 2 米的石碑，上书"汉大司马蒋恭侯墓"。神道两侧立有石翁仲、石马等石刻像。地面建筑还有距墓半里的蒋恭侯祠三间。原祠内历代楹联匾额比比皆是，大多出于名家之手，如"武侯之亚有恭侯，千古英名壮益州"。从中不难看出后人心目中的蒋琬，是可与诸葛亮媲美的一代名臣。

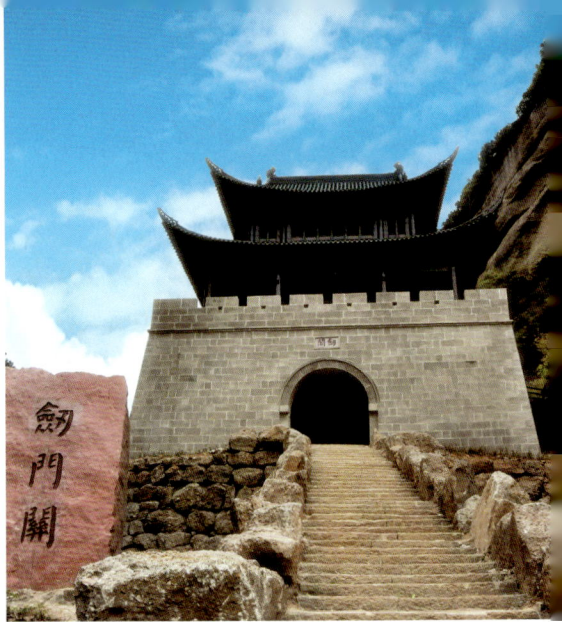

🔥 富乐山风景区
遗迹多三国，绵州第一山

位于绵阳市城东两公里处，是一个以园林建筑见长、融三国遗迹在内、山水结合的新景区。据说，当年刘备入蜀，刘璋前来饮酒作乐，刘备叹道："富哉！今日之乐乎！"故名富乐山。富乐山以高、广、秀、雅著称，被誉为"绵州第一山"。景区营造依山就势，顺其自然，山水成趣，赏乐并举，融"三国"文化和人文景观于一体；步移景异，园中有园，既具皇家园林的豪华气派，又不失江南山水园林。已建成大小景点 50 余处，著名的有"豫州园"、"绵州碑林"、"富乐阁"、"富乐堂"等。

剑门关景区

"剑门天下险"的剑门关历来就是进入蜀地的要道

位于剑阁县城北 33 公里的剑门山主峰大剑山东北侧，历来是兵家必争的军事要隘，著名的古蜀道穿行其间。剑门关依雄奇险峻的大剑山而建，大剑山又名剑门山，古称"梁山"、"剑山"，共有 72 峰，山势绵延起伏，山峰大多为裸露的石体，有"千里无土"之说，仰望群峰，峰峰壁立千仞直插云霄，是一道天然的城墙，有"蜀道之密钥"之称。大剑山两岩对峙，险如刀削，宽约 7 米的峡谷底部形成了大剑山这座硕大的"城墙"下的唯一通道，而剑门关则是这通道上人为修建的军事关隘，可谓一夫当关，万夫莫开。

三国时，蜀国大将军姜维在此屯兵 3 万，抵抗魏将钟会的 10 万大军，使之久攻不下，无法入蜀。唐元和元年（806），云南西道节度使严砺，兴兵讨伐叛将刘辟，双方在剑门关激战数月，尸横遍野，血流成河，最终刘辟败于剑门。1935 年 4 月 2 日，红四方面军在剑门关与川军激战，消灭了乱军 3 个团，为部队的转移起到了重大作用。

剑门关两侧石壁上有"第一关"、"天下雄关"等历代诗、文、题记碑刻，还有觉苑寺、鹤鸣山石刻、中共十大政纲石刻等景观。

🚌 交通提示 乘成都昭觉寺汽车至剑阁老县城的班车，可到达剑门关景区。剑阁县也有直达剑门关的公交车。

🎫 门票 115 元

翠云廊景区

这条古柏参天的古驿道是蜀道的重要组成部分

翠云廊位于剑阁县境内，古称"皇柏大道"，参天蔽日的古柏分布在 300 余里的古驿道上。这些古道以剑阁县城为中心，往东至阆中，往西至梓潼，往北至昭化，这条古时入川出蜀的古驿道因为有了近万株苍翠的

翠云廊

明月峡

行道树——古柏而被今人称作绿色长廊。因其像绿色的江河奔涌在崇山之间，莽莽苍苍，遮天蔽日，故而后人将之命名为翠云廊。据调查，翠云廊两旁现在存有珍稀古柏 8097 株，树龄最高的有 2000 年，大部分的树龄有 500 年，由不同的树龄可知，此道的维修非一日之功。

🚗 **交通提示** 乘从广元到剑阁、德阳的长途汽车可在景区门口下车。

🌐 **门票** 50 元

✍ **友情提示** 梓潼至剑阁县中段的公路上有一处古柏集中的地方，这里有许多著名的三国遗迹，如张飞井、张飞柏等，古柏环绕中的翠云楼是观赏翠云廊及大小剑山的好地方。

🌄 明月峡景区
因朝天子而得名朝天，因诗仙诗句而得名明月

位于广元以北约 30 公里处的朝天镇南 2 公里处的嘉陵江上，峡谷全长约 4 公里，宽约 100 米，两岸石崖壁立，东岸是有名的朝天岭。朝天明月峡原名朝天峡，因地处朝天镇而得名。朝天，即朝拜天子之意，其名源于唐朝玄宗皇帝避"安史之乱"南迁成都途经此地，并在此接见当地官员朝拜。至于明月，则因为明清时期的文人崇尚自然，喜好风雅斯文，因而从李白之诗句"……清风清，明月明"中取明月二字，自那时起便叫朝天明月峡。

峡谷中的古栈道是古蜀道最为险恶之处，朝天明月峡内的先秦栈道又名云道，这段古栈道在先秦时期就已建成，诸葛亮为北伐曹魏对栈道进行了修整扩建，使之成为运送粮草的通道。诸葛亮北伐死于五丈原后，魏延作乱，带兵先行撤退，烧毁了谷中栈道。电视剧《三国演义》中火烧栈道的外景便在此地。

除明月峡外，朝天区还有清风峡、大安寺、七盘关、筹笔驿、飞仙阁、龙门阁等遗迹及景点。

交通提示 可从广元乘前往明月峡的中巴，或者从广元乘中巴到朝天镇，然后坐摩的前往。

门票 80元

美食情报 通常这里会有油酥小鱼出售，当零食佐酒都很不错。

友情提示 游览朝天明月峡古栈道通常只需要2小时左右。

西山风景区

既有十二峰的自然美景，也是一处人文胜地

位于南充市郊新建乡境内，舞凤山、人头山、栖乐山、火凤山、马鞍山、玉屏山、旗山等山环绕在南充市区西侧，全长6公里，面积30平方公里。山上林木葱郁，山下西河蜿蜒流过，著名的景观有"金泉夜月"、"果山秋色"、"栖乐灵池"。栖乐山是整个西山景区的中心，主峰上有栖乐观，现在是顺庆起义保卫战总指挥部纪念馆。

南充西山万卷楼

交通提示 成都有至南充的班车。或者从成都火车北站乘到南充的火车。南充市内有公交车13路直达西山。

门票 5元

友情提示 顶上的开汉楼是南充最高处，也是俯瞰南充全景的好地方。

小贴士

Tips

三绝碑

屹立于武侯祠大门内碑亭中的唐碑，又称"三绝碑"，是成都最古老的碑刻之一。说到在后世的名声和影响，此碑在成都则首屈一指。

唐碑本名《汉丞相诸葛武侯祠堂碑》，唐宪宗元和四年（809）立。碑身及碑帽通高367厘米，宽95厘米，厚25厘米，下有碑座。碑帽的云纹雕饰，具有唐代石刻艺术特点。其石质为峡石。碑文共22行，每行约50字，楷书。

碑文作者裴度，是唐代中后期有名的政治家。元和二年（807）成都动乱，唐王朝派相国武元衡出任剑南四川节度使，裴度作为幕僚随行。裴度久欲撰文颂扬诸葛亮，到成都游武侯祠后，便怀着景仰之情写了这通碑文。书丹者柳公绰，为楷书中柳体创始人柳公权之兄，其书法浑厚笃实，既有柳体笔韵，又自具风格。后人赞赏唐碑碑文笔力雄健、辞丽义精，书法遒劲端严，加之刻工鲁建，刀法谨严，超群绝伦，故该碑有"三绝"之誉。

邛海

南方丝绸之路之旅

南方丝绸之路始开发于先秦，盛于汉唐，是中国古代南方一条重要的商业通道。以四川成都为起点，经雅安、芦山、西昌、攀枝花到云南的昭通、曲靖、大理、保山、腾冲，从德宏出境；进入缅甸、泰国，最后到达印度和中东，总长大约2000公里。伴随着南方丝绸之路的延伸，楚文化、巴蜀文化、滇文化、夜郎文化、毕摩文化、东巴文化以及青铜文化、佛教文化在彼此交流中沉淀、积存，从而形成丰富的、独特的并且有共融性特点的古道文化。沿途山河壮丽，风景秀美，民族风情浓郁，名胜古迹众多，与西北丝绸之路、海上丝绸之路一样，南方丝绸之路同样对世界文明作出了伟大的贡献。

精选线路

成都市→雅安市→荥经县→汉源县→石棉县→冕宁县→西昌市→德昌县→米易县→盐边县→攀枝花市→成都市

沿途推荐景区景点 邛海泸山风景区、螺髻山风景区、攀西大裂谷格萨拉生态旅游区、二滩国家森林公园

还可顺游景点 蒙顶山风景区（见本书 p.123）、周公山温泉公园（见本书 p.126）

邛海泸山风景区

变化多端、风景多样的地震湖泊

位于泸山山脚，面积 31 平方公里，平均水深 14 米，最深处有 34 米，是史前地质构造运动时断陷形成的。作为一个因为地震而形成的湖泊，在数百年前，这里是更为辽阔的良田，直到今天，邛海边上还流传着各种各样的传说，人们相信在月圆之夜能看见海底的城镇，那是在地震的淫威下一夜之间毁掉的繁华。史料记载，在 1536 年和 1850 年这里的确发生过两次大地震，湖水面积因而扩大，占领了原本的良田和村庄，20 世纪 70 年代的科考活动中，科考人员的确见到了清澈湖底的房屋基石。

青山环抱下的邛海在平日里是安静的，一如处子。风平浪静间渔舟唱晚，网起网落间鱼鳞泛着扑鼻的香气，天边的晚霞映照着归来的野鸭和鸥鹭，共长天一色的湖光山色将视野变得尤为开阔。如果有幸在暴风雨来临之际立于湖畔的檐下，你会见到让人心潮起伏的"白鹅浪"。乌云下面，邛海层层白浪翻经卷，无休止地涌向岸边，涛声在天际间回响，恰似钱塘潮在内陆呈现。

交通提示 从西昌市区乘出租车前往约需 15 元。

门票 免费。进公园后，可以乘坐小船到对岸的小渔村吃烧烤游玩，另外可以选择机动船，同时也可以包船游览邛海，价格不等当场商议。

美食情报 邛海边的餐馆可品尝到当地最富特色的邛海醉虾、毛蟹和爬沙虫。

邛海的醉虾 醉虾和邛海的美景一样，成了邛海的一个招牌。刚从海子中打捞的寸长小虾，晶莹透明，不用清洗，用烧酒、姜、葱、蒜、盐、生椒等作料浸泡，揭开盖子时，醉虾还在打醉拳，活蹦乱跳，放入口中咀嚼，香脆可口。

渔家美食 邛海烤鱼、烤虾，在邛海景区沿途都可以吃到。邛海湖内有 40 多种鱼类，其中有特

螺髻山草海

有的白鱼、鲤鱼、大虾、螃蟹等。

好耍好玩 夜晚的邛海比白日多了一份浪漫，一定不要忘了和恋人一起乘船夜游，品味"月出邛池水，空明彻九霄"的奇景。

邛海青龙滩露营，明月之下，万点繁星，头枕波涛，如此惬意的一夜美梦。

安宁河漂流，安宁河位于距西昌市64公里的德昌县，漂流全程22公里，安宁河谷美景尽收眼底。漂流具有一定风险性，一般不接待10岁以下小孩儿及患有严重心脏病和心脑血管病的人。

螺髻山风景区

在杜鹃花海中有温泉瀑布，是这里的特色

位于邛海南岸，距西昌市区38公里。主峰海拔4368米，南北绵延100公里，因山形似螺髻而得名，在彝语中称作"安波哈"，是五百山峰的意思。山中有大大小小36个色彩各异的深潭秀湖，多在海拔3000多米的地方。这里有丰富的亚热带植物，完整的古冰川的遗迹，漫山遍野的杜鹃以及溶洞、瀑布等丰富多彩的奇特景观。

螺髻山上的杜鹃非常漂亮，在名叫三道海或长海子的地方，有上万亩的杜鹃围着六七个不同大小的湖泊群，5月里让这里成为红色的海洋，面对这样的景观，就明白杜鹃为什么又叫"映山红"了。

大槽河峡谷中的温泉瀑布是螺髻山的一大特色。水珠飞溅，奇峰怪石，苍松古藤一起书写刚柔相间冷暖生辉的画卷。由高到低形成的3级瀑布又分别形成了不同大小的温泉池，水帘洞两边各有一池，每个仅可容纳2人，被人戏称为"鸳鸯池"。

交通提示 西昌至螺髻山镇有长途汽车前往。

门票 螺髻山50元，仙人洞28元，缆车140元。

攀西大裂谷格萨拉生态旅游区

绚丽多彩的自然景观，博大精深的民族文化

攀西大裂谷格萨拉生态旅游区主景区距泸沽湖116公里，距丽江376公里，沿216省道（稻攀路）前行可达稻城、亚丁。

景区境内植被多样、生物丰富。主要自然景观以万亩杜鹃、原始森林、天然园林、大地盆景以及鬼斧神工的天坑地漏、瑰丽多姿的天堂石林、奇幻百出的地下溶洞、连绵起伏的高山草甸为主，加上多民族的文化风情、优美的传奇故事，以奇伟瑰丽的生态群落、博大精深的民族文化，集生态旅游、文

小贴士

Tips

白坡山

海拔1200~3400米，土壤气候、植被呈垂直分布。原始森林以云南松为主，藤蔓缠绕，古木森森，杜鹃争春，还有珍禽奇兽出没。

白坡山几乎年年有雪。而南方的雪较之北方，又不一样，虽是大雪封山，但雪下依然松绿鹃红，这里日照丰富，雪后放晴几乎是天经地义，若你运气好，赶上雪后的晴日，呼朋揽伴，上山踏雪而行，雪莹松青，空气纯净，有踏雪寻青之妙趣。若是兴尽而归后，扫净场地，劈开松枝，烤全羊以啖之，咂杆杆酒以饮之，唱山歌以佐之，踩锅庄以舞之，酣然醉后，眯眼四望，但见暮色四垂，青山素裹，小城中灯已初亮，遥遥狗声，远远耳语，些许温柔，有归家的心绪，又有漂泊的情怀，将奔波生活中尘封许久的心，轻易地迷失在这小小山城飘雪的夜。

格萨拉景区

化观光、猎奇探险、民俗大观于一体，构成了独具特色的生态旅游、文化旅游胜境。

美食情报 *爬沙虫* 产于安宁河畔，俗称："安宁土人参"，性温味甘，补气补肾，含高蛋白、多种氨基酸及多种药用成分，堪称药膳佳品。用于宴宾，或炸或蒸，是味美汁鲜之美馔佳肴。

名小吃鸡卷粉 鸡是攀西地区山野鲜菌中最受青睐者。鸡卷粉，以米卷粉为主料，鲜鸡菌及云腿辅之。卷粉糯，汤汁香味可口，颇具攀西地方风味。

雅江鱼 攀枝花地区的雅江鱼生活在江水中下层，以岩生藻类为食，性喜冷水，难于人工饲养。入冬，攀枝花境内雅砻江的江水逐渐清澈，藻类生长茂盛，此时的江鱼最肥。

菁河浑浆豆花 盐边县的菁河浑浆豆花远近驰名，凡品尝过"浑浆豆花"的人无不赞赏。这种豆花，因不加石膏或盐卤，所以既无卤水味也没有苦涩味，具有味醇、鲜嫩、色白且略有回甜的特点，配以当地特有的鲜辣调料，别有风味。

精彩看点 彝语"格萨拉"意为美丽天堂。这里群山绵绵，峰回路转，时而黄土高坡，时而丛林密布，茶花万朵。一年四季气候宜人，鸟语花香，云雾雨雪，风涛月色，一幅大自然的画卷，正以其特有的魅力，等待着每一位崇尚原始与自然的旅游者。

二滩国家森林公园

珍稀动植物的栖息地

二滩国家森林公园地处横断山脉，山高坡陡，海拔 1200 米至 4196 米，为高山峡谷地貌，属以南亚热带为基带的立体气候。公园内植被呈垂直分布，由下而上依次为常绿阔叶林、云南松林、栎松混交林、山地针叶林和亚高山针叶林。有高等植物 700 余种，丰富的植物种群和优越的地理环境，为野生动物提供了良好的栖息之地，这里有野生动物 400 多种，珍稀动物 19 种。这里由桐子林、菩萨岩、高峡平湖、白坡山、马鹿寨、老君庙、湖岛风光、天生桥、菁河仙人洞等 9 个景区组成，湖光山色，交相辉映，风光秀丽，是川南地区诱人的旅游景区。

143

天府古镇漫步

3

四川历史悠久，古镇众多，特色鲜明，闻名遐迩。尤以黄龙溪、平乐、上里、洛带、罗城、铁佛、罗泉、龙华、李庄等古镇为最著名。四川古镇不仅讲究斗拱飞檐，雕梁画栋；而且多植修竹繁花于房前屋后，曲曲弯弯悠长的青石板路，静静地讲述着千百年间这里所发生的如烟往事。

精选线路

沿途推荐景区景点 **成都周边古镇：** 平乐古镇、街子古镇、安仁古镇、黄龙溪古镇、洛带古镇、西来古镇

川东古镇： 南充市（阆中古城、周口古镇）、广安市（肖溪古镇）、达州（清河古镇）

川南古镇： 内江市（铁佛古镇、罗泉古镇）、自贡市（仙市古镇）、宜宾市（李庄古镇、夕佳山民居）、泸州市（佛宝古镇、尧坝古镇）

川西古镇： 雅安市（上里古镇、望鱼古镇、清溪古镇）、凉山彝族自治州（礼州古镇）、甘孜藏族自治州（磨西古镇）、阿坝藏族羌族自治州（水磨古镇、桃坪羌寨、萝卜寨）

川北古镇： 绵阳市（龙隐古镇）、广元市（昭化古城）、巴中市（恩阳古镇）

李庄古镇

成都周边古镇

平乐古镇

这是一座时光倒流的古镇，一个可以让人静静发呆的地方

位于邛崃市西南 19 公里处，平乐镇距今已有两千多年的历史，以"九古"闻名：古街、古寺、古桥、古树、古堰、古坊、古道、古风、古民居。

横跨南北的乐善桥是一座距今已有 100 多年历史的七孔石桥，有"邛南第一桥"之称，建于清同治元年（1862），桥洞为不多见的桃形，锥形的七个桥墩则像七条一字排开的小船，别致而有新意。平乐镇的金华山上还有雕刻精美的唐代石刻和世所罕见的"天马行空图"。

小镇上还有保存完好的 74 处造纸坊遗迹，古造纸坊位于距此 10 余公里的芦沟，造纸工具多为南宋时期的文物。石质的锅、石质的缸、碾竹子的石碾、泡竹子的水池直至缫纸的石缸无一遗漏，全部完好地置于溪畔空地，藏在翠竹丛中。

考古学家认定的中国第一条丝绸之路（南方丝绸之路）灵关道，从成都出发，经临邛，从平乐古镇经过继续通向南方。平乐的骑龙山上至今仍有保存完好的古秦汉驿道遗址。古驿道两边均被垒成高墙，中间通车马的大道铺着巨大的卵石，走向均顺着山势蜿蜒。

交通提示 成都新南门旅游客运中心每天均有直达平乐古镇的专线旅游班车，车程约 1 小时 40 分。

美食情报 "孙血旺"有烧血旺、烩豆腐、卤菜系列等。

街子古镇

成都平原上一座充满神秘传说的古镇

位于崇州市。街子场不大，镇上的老房子多半是明清时期留下来的遗物。街子场主

145

平乐古镇

要的街道有 5 条：中药铺所在的街叫江城街，中药铺斜对面是一个十字路口，路口附近有几家小吃店，豆花饭馆子里的豆花、卤鸭子、卤猪尾、卤排骨都十分美味。大路口有口开凿于清同治二年（1863）的古井，人称八角井，这口井的位置正好是过去崇庆县与都江堰市的交界处。

街子是一个充满传说的地方，据《中国通史》记载，明朝开国皇帝朱元璋之孙朱允炆在历史上曾神秘失踪，经民间许多专家考证，朱允炆其实是隐居于街子场的上古寺附近。从 1401 年起一直在山里住了 10 余年。

信奉"惜字是福"的街子人认为，随便丢弃、污染有字的纸是缺德的事，应该把废弃不用的有字纸放在特制的纸篓内集中起来焚化。于是分别在街道的上场口和下场口修建了两座专供焚纸用的字库塔。字库塔建于清道光年间，用石条、石礅和青砖建成，塔高 150 米，分五层，最上面的四楼外墙刻有"白蛇传"等壁画。上场口的那座已毁，下场口的这座至今保存比较好，在汶川大地震中被震掉了塔顶，现已修复。

🚗 **交通提示** 成都金沙车站有直达街子古镇的班车，车程约 40 分钟。

🍴 **美食情报** 特色食品是药膳，著名的有山药炖乌骨鸡，山药炖肘子。

🔥 安仁古镇
川西建筑文化精品

始建于唐，现存的旧式街坊建筑多建于清末民初时期，尤以民国年间刘氏家族鼎盛时期的建筑最多，风格中西式样结合，庄重、典雅、大方的各式院落，造就了安仁镇特殊

黄龙溪古镇

的建筑风貌，号称"川西建筑文化精品"。现代名人刘湘、刘文辉、刘文彩在此镇均建有豪宅，以刘氏庄园群、刘湘公馆等古公馆最为著名。

黄龙溪古镇

适合消夏的古镇，至今保留着打更报时的传统

黄龙溪位于成都近郊双流县境内。这里清代风格的街肆建筑仍然保存完好。青石板铺就的街面，木柱青瓦的楼阁房舍，镂刻精美的栏杆窗棂，以及镇江寺、潮音寺和古龙寺三座古庙，无不给人以古朴宁静的感受，使其成为许多影视剧的外景基地。

保存完好的老街共有7条，总长1140余米。行走在不过1米多宽的青石板路上，看着蓝地白字的酒旗在风中舞动，听着青瓦木门和门前的石磨发出的响了无数岁月的吱呀声，总让人想起遥远的过去。府河与鹿溪河在这里交汇，泾渭分明。航运是黄龙溪过去与外界联系的主要交通途径，今天则是重要的游玩方式。

这是一座适合消夏的古镇，游船上，树荫下，随便拣一处就能在徐徐的河风中发一个下午的呆。

🚗 **交通提示** 从新南门旅游客运中心有直达黄龙溪的班车，车票7元。金沙汽车站也有直达的班车。

🛏 **住宿参考** 游黄龙古镇一般都不用在当地住宿，若有兴趣体验小镇风情，镇上也有小旅馆。

🍴 **美食情报** 古镇的特色食品非常多，有老妈兔头、董蹄花、焦皮肘子、珍珠豆花、野韭菜炒蛋、素炒野灰菜、红烧黄辣丁等。

这里盛产河鲜，当地人烹鱼是一绝。有一道菜是羊肉和鱼肉合在一起做，只能在当地人家里吃到这道菜。

洛带古镇

客家文化与美食在这里得到了充分展示

明末清初时期的移民运动和"湖广填四川"的历史，使来自于异乡的客家人在四川洛带生了根。经过数百年的繁衍生息，洛带古镇形成了独特的客家风俗和客家文化。

洛带古镇分老街和新街。老街宽约10米，由一块块1米左右的石板镶嵌而成，凹凸不平的石板见证了古镇漫长的岁月和沧桑。老街上还保留着大量客家古民居，屋顶多用小

洛带古镇

青瓦覆盖，结构多为单进四合院式，正中为堂屋，屋脊上通常有"中花"和"鳌尖"等装饰。

老街以清代建筑风格为主。湖广、川北四大客家会馆、客家博物馆和客家公园坐落其中，又被人们称为"客家名镇、会馆之乡"。镇上有许多特色小吃与土特产，如伤心凉粉、古镇老腊肉、天鹅蛋等。

🚗 交通提示 成都新南门汽车站有直达洛带的班车。也可在成都市内乘58路、71路、81路等公交车到达五桂桥汽车站，然后坐219路直接到洛带古镇。

🍴 美食情报 洛带境内的供销社饭店的油烫鹅、新民饭店的野山菌全席和客家酒楼的水酥、面片汤等已成为洛带客家餐饮的特色菜，远近闻名。尤其是夏季，人工无法栽培的野山菌（当地人称"鸡腿菇"）出山之际，慕名前往尝鲜的食客更是络绎不绝。

⚡ 友情提示 ❶ 洛带客运中心并不在洛带古镇里面。出客运中心后往右，沿马路走，遇丁字路口往右走5分钟可到古镇。❷ 古镇内有四川客家博物馆可去参观。

🎇 西来古镇

难得一见的川西古民居

西来古镇位于蒲江县境内，古镇上保存着许多明清建筑，民居是典型的川西特色。两百多米长的老街全是木质结构的瓦房，街道平整，这是在其他地方看不到的。

镇上现在还有一座建于清道光十三年（1833）的文峰塔，文峰塔就在西来古镇的街口。塔身四周是戏曲雕塑，配有九曲篆文，此乃世间少有。古镇上的戏台今日还在发挥它的功能，在节日期间非常热闹。

西来古镇最让人称奇的是临江的古榕。这些古榕分布在古镇老街背面临江的地方，

西来古镇

河堤上排列着 11 棵树龄在千年左右的榕树，姿态婆娑。古榕枝叶繁茂，挡住夏日灼热的阳光，因而临河的坝子成了古镇人的聚会场所。在苍穹之下，与古镇一起相伴千年古榕，临溪江水在眼前川流不息，定能让你神思飞扬。

川东古镇

■ 阆中古城

与云南丽江、山西平遥、安徽歙县并称中国最完好的四座古城

阆中古城据说是中国远古帝王伏羲出生之地。自商周时代起，便是巴国重镇，战国中期为巴国都城。从秦朝置阆中县以来，至今已有 2300 余年的历史。

阆中位于四川省东北部，嘉陵江中游，城外青山环峙，嘉陵江水绕城而过，清澈和缓。城内的建筑将古代中国的风水学与建筑学结合得非常完美，是一座值得去认真品味游玩的古城。117 条或东西或南北走向的街道纵横交错，将旧城分隔成一个个的方形民居院落，有 1/5 的街道仍保存着唐宋时期的格局。在这些既有明代疏朗淡雅，也有清朝精美繁复特点的古院落中，还有一种呈多字形结构，即第一重天井和第二重天井不在一根轴线上，错位成一个"多"字，房间平面图为菱形。这样的结构，寓意"三多"：多子、多福、多寿，这在全国古民居建筑中十分罕见。

作为历史文化名城，阆中留下了许多历史名人的足迹，杜甫、司马光、陆游、苏轼、文同、丰子恺等人都留下了吟咏阆中的诗篇。曾为巴国国都的阆中因多民族长期聚居融合，形成了独特的民俗文化，现在偶尔还能

阆中古城

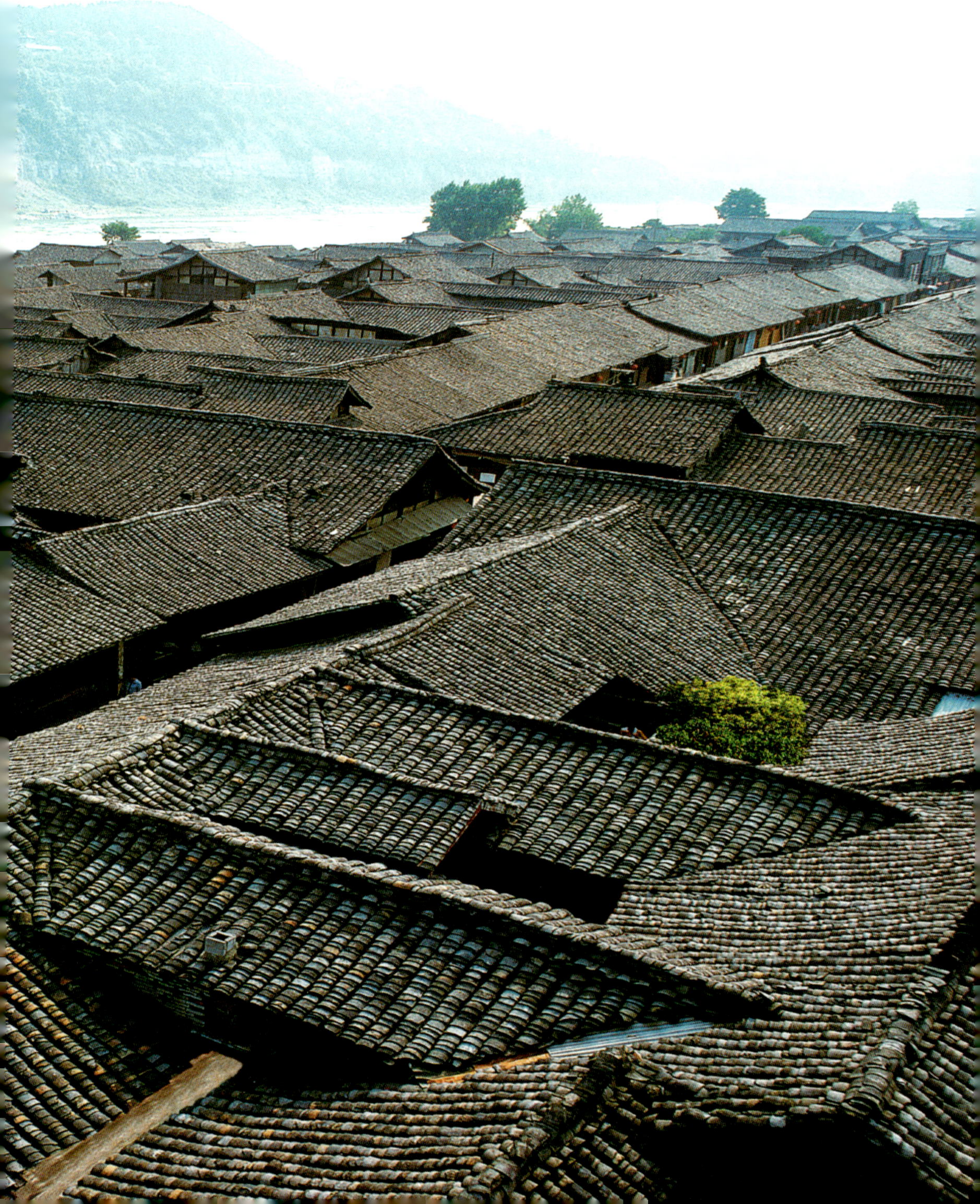

阆中巴巴寺

看到巴渝舞、川北灯戏以及皮影、剪纸等民间艺术。

🚗 交通提示 ❶ 成都北门汽车站（梁家巷）至阆中，行程 6 小时；阆中客运站至成都的班车 40 分钟 1 班。❷ 南充火车站至阆中每 20 分钟 1 班，需 1 小时多。阆中客运站至南充，每 20 分钟 1 班，阆中水运上达广元苍溪，下达南部、蓬安、南充、武胜、合川、重庆。❸ 市区交通：可乘公共汽车或乘船去嘉陵江去锦屏山，行程约 1.5 公里，然后去白塔景区，约 2 公里，再步行去大佛寺景区，约 2 公里，最后乘车或船返回市区约 2.5 公里。古城区中巴巴寺距离滕王阁 3 公里，再至张飞庙 3.5 公里，均有公交车运行。

¥ 门票 甲票（含张飞庙、贡院、华光楼、中天楼、嘉陵江体验游或风水馆）80 元 / 张、乙票（含张飞庙、贡院、华光楼、中天楼）70 元 / 张。

🛏 住宿参考 在古城住宿是一件非常美妙的事情，尤其是那几家仍保持着原貌的大院。❶ 杜家客栈：地址：阆中市下新街 63 号。❷ 李家大院：原来名字叫武庙遗韵，同杜家客栈一样是一个四合院。

🍴 美食情报 ❶ 阆中有名的美食有张飞牛肉、蒸馍、锭子锅盔等。保宁醋大街上的谢炸酱是著名的夜店，卤菜与炸酱面都很不错，最有特色的是蒸制的七星肘子，但上午从不营业。清晨可以到广电局门外的华珍牛肉面吃早餐，阆中的牛肉面的汤汁呈糊状，连汤带面吃起来过瘾。❷ 煜田老鸭汤：阆中市东坛井街，值得品尝的有老鸭汤锅，牛羊肉汤锅，鸡公汤锅。

✍ 友情提示 ❶ "阆中三绝" 是张飞牛肉、保宁醋、白糖蒸馍。阆中的保宁醋远近闻名，据说每个月醋厂发酵那几天，全城都能闻到醋香。❷ 如果在杜家大院、武庙遗韵等特色客栈住宿不用支付门票。

华光楼 阆中古城的制高点

　　顺着有些陡且逼仄的楼梯一级级登上楼顶，眼前豁然开朗，面积达 1.5 平方公里的老城尽收眼底。每一层的柱子上都有诸多历史名人留下的墨迹。

汉桓侯祠（张飞庙） 三国时期大将张飞之庙，内奉王冠文身像

位于阆中市保宁镇西街59号，即张飞庙，其他还有河北的为衣冠庙，云阳的为武人像庙。当年的蜀汉司棣校尉巴西太守张飞镇守阆中7年后，卒于阆中，并埋葬于此。

现存庙宇为清代建筑，由山门、敌万楼、左右牌坊、大殿、后殿及桓侯墓等组成。祠内有历代牌匾30余通，张飞及其子孙、部将的塑像，还有张飞用过的丈八蛇矛及祭祀用的钟、鼓等物，北宋曾巩曾写有《桓侯庙记》。

川北道贡院 明代以后的秀才们考试的地方

位于状元街，俗称考棚，建于明代，是县考府考的考场所在地，也曾用作乡考（省考）。

滕王阁 虽非南昌"滕王阁"，但也有神奇之处

在城北的玉台山腰上，原为唐代初期滕王李元婴所建。阁前有一座鱼瓶状石塔极为奇特，无论从哪个角度看，塔身仿佛都是向一旁倾斜的，是不是比埃菲尔铁塔还要神奇？

杜家大院 这里曾有"诗圣"——杜甫的身影

现在也叫杜家客栈，是一座始建于唐宋时期的四合院，共有大小房屋47间，坐在古老的院庭里喝茶、晒太阳、聊天，都是很惬意的事情。据说若是在这里多泡上一段时间，还能找到当年杜甫的蛛丝马迹。在这里还能看到久违了的皮影戏，当然是要另外付费的。

阆中保宁醋博物馆 中国唯一以醋为主题的专业博物馆

阆中古城是中国著名的"醋城"，早在战国末期，阆中的"巴醯"（醯即醋之古称）就扬名天下，此后醋房遍布市井。阆中保宁醋与山西老陈醋、江苏镇江香醋、福建米醋并称为全国四大名醋。

阆中的醋博物馆浓缩了我国特别是阆中3000多年的酿醋文明，由醋文物陈列室、酿造手工老作坊、松花老井等3部分组成。醋文物陈列室由一唐代建筑改建而成，古色古香、风景清幽，收藏了历朝历代酿造醋的工具、盛装器具、店铺匾额等醋文物1000多件，其中，宋代醋壶、醋碗、醋碟，明末盛醋陶罐，清代四耳盛醋陶罐、醋缸等文物甚为珍贵；在手工老作坊中，工作人员穿着古装全面展示酿造醋的道道工序；松花老井是酿醋的水源，系唐朝开凿。

周口古镇
已有数百年的三条老街

位于蓬安县城区西北的周口镇，迄今已有数百年的历史，有不少明清风格的民居建筑和古代文化遗迹尚存。古镇有最值得参观的三条老街——盐店街、下河街和顺河街。

盐店街 盐号林立，商铺云集

在周口镇最北端，宋代以前叫驿马道，是早年从仪陇、营山方向进入周口镇及蓬安县城的重要门户。后来商贸繁荣，处于水陆要冲的周口镇成为川北货物的集散地，各种盐号商铺云集于此，遂改名为盐店街并一直延续至今。

此街宽约4米，长约百米，呈东北、西南走向。街的东北端伸入龙角山麓，一株需5人合围的黄桷古树傲然挺立于街头。高逾3米的砖砌老式门坊，其上嵌有"周子镇"三个大字，矗立在街的西南端，与街那头的黄

阆中张飞庙

桷古树遥相呼应。

街两旁是木穿斗结构的传统民居，看上去立柱因年代久远已经倾斜，而内行人讲实则相当牢固。屋檐下的石头街沿黑黝黝的，用手一摸，似有潮意，传说是盐挑子和盐包数百年间经常囤积在街沿上，盐粒长期渗漏渍染所致。

下河街 不可不看的"美人靠"

穿过"周子镇"门坊，向西拐就到了长约800米的下河街。此街比盐店街略宽，自东向西抵达嘉陵江水码头。街上的小饭馆、杂货铺、剃头店、小客栈等比比皆是。下河街古迹甚多，但是完好留存的很少。唯有老式民居保存较好。下河街的台阶甚多，凡在台阶梯步处，堡坎上头的老房子外面，必有一排带长条凳可供休憩的木栏杆，当地人趣称为"美人靠"。说是过去古镇上，有姿色且又有闲暇的青春女子，常斜倚栏杆嗑葵花子，看街上来来往往的红男绿女以消遣时光。这种故事听来，真是一幅艳美的古镇风情画。

顺河街 古镇古街采古风

顺河街最短，仅几十米长，紧挨着下河街南侧。与江面平行的街道上，其实只有半边老房子，另一边临江，视野十分开阔。半边街的房门大多紧闭着，鲜有人声。一个戴老花镜的大爷，在自家门口烧了一炉炭火，坐在矮板凳上，一只赤脚用脚趾居然拉得风箱呼呼生风；一只手握钳子夹住烧红的铁块，另一只手举铁锤在铁砧上敲打，"叮叮当当"的清脆声使这半边老街愈加显得空寂冷清。

肖溪古镇

形若船，故有"江边一只船"的雅称

位于广安县境内，古镇一面靠山，一面临嘉陵江的支流渠江，以船形的样子停在渠江与山坡之间的一块带状台地上。街道东西长 100 余米，南北宽 3 ~ 7 米。

肖溪曾是客商云集之地，街道两旁的廊檐非常独特，不仅宽度随着街道宽度变化而变化，廊柱更是高达 5 米左右。如船篷的廊檐恰似凉厅，避雨遮阳，通风透气。小镇的民居保存得较为完好。东端有建于清道光元年（1821）的维新桥；老街半边街已有 200 多年历史，重要的是这里还有着一种安静而古朴的生活情趣。

🚗 **交通提示** 坐公交车可以先到广安市，然后转车至肖溪。肖溪古镇水码头乘船可至王溪、渠县。

👍 **友情提示** 古镇西端原有一座王爷庙戏楼，如今戏楼已成了国营酒厂的车间，但戏台上支撑台柱的一对石象依然保存完好。奇特之处便在于支撑台柱的不是常见的石狮而是石象。

清河古镇

西南罕见的仿古建筑群

位于四川东北部，巴山南麓渠江之滨，这里山清水秀，人杰地灵。两条清波粼粼的河流穿境而过，故得"清河"美名。范将军1932 年筹划出资在其故乡四川省大竹县清河场修建的故居"哈儿街"更是独具特色，举世闻名。此街全长 385 米，占地 3.3 万平方米。两旁房屋西高东低，呈主宾之势，主显宾躬之态。整个建筑群均为砖木结构，瓦顶悬山式，天架椽屋、前后乳伏牵用三柱建筑。 律采用外廊式穿榫结构，一楼一底内层楼房。街道两旁各有通廊和 108 根仿希腊式圆形廊柱，柱身均有人物、动物及花鸟等浅浮雕图案。整个街面，格局统一，风貌独特，排列齐整，典雅堂皇，颇为壮观，气宇非凡，是西南难寻的仿古建筑群，专家鉴定为："国内少有，国外没有"独具特色的大型建筑群。街内"哈儿将军陈列馆"，收藏有大量范将军及其亲友各个时期的珍贵照片和其他实物；并有"哈儿茶楼"、"哈儿餐饮"等。

川南古镇

铁佛古镇

曾几何时，镇上商铺林立，人头攒动，热闹非常

位于资中与威远交界处的景尼山上，始建于明代万历年间。铁佛镇最初名老店子，仅有几间店铺。清康熙年间，人们试图将近 2 里外太平场的一尊铁佛（该寺已毁）迎到附近的新津寺，当搬运途经老店子歇息时，铁佛生根，再也搬不动了。于是僧人融亮在此建庙，取名铁佛寺，小镇因此铁佛寺而得名。古镇老街依山势三层布局，形似镰刀，线状延伸，清建民宅均有风火墙，屋檐斗拱，挑枋雕刻各具特色。小街宽 5 米，街两边店铺林立，青砖瓦房，鳞次栉比，多以石为柱及砌基，时而还可见高出屋脊许多的用青砖砌成的风火墙。风火墙翼角高翘，雄奇瑰丽，是铁佛古镇建筑的一个特点。镇中的著名景点有南华宫、禹王宫、王家祠等。

罗泉古镇

罗泉镇的井盐 1925 年曾获得过巴黎世界博览会金奖

坐落仕仁寿、威远、资中三县交界处，始建于明初，鼎盛于清末，衰败于民国。据说，光绪年间，珠溪河两岸 15 里之内，密布着 1000 多口盐井，50 多家盐灶房。镇上

有 13 家饭铺，32 家面铺，数十家戏楼，十多家茶馆，十多家赌场，二十多家妓院，镇子周围还建有九宫十八庙。盐神庙地位极高，庙内供管仲为盐神，关羽和火神则作为管仲的辅佐相伴左右。兴盛时，舟楫穿梭，马嘶驴鸣，罗泉盐通过水陆两道被运至中国西部各地。

仙市古镇

一座被誉为"古盐道上的明珠"的千年古镇

自贡是具有 1400 多年历史的千年古镇，是釜溪河当年重要码头之一，建筑保留着原有风貌，寺庙祠堂众多。这座古镇曾是自贡井盐出川的必经之地，又因"四街、四栈、五庙、三码头、一鲤、三牌坊、九碑、十土地"，以及精美的古建筑群和佛教文化的兴盛而闻名遐迩。

古镇之名来源于美丽的传说："玉帝之女被人间美景陶醉，下凡侧卧在釜溪河岸边逍遥酣睡而名——仙滩。"因此，古代建筑艺术和佛教文化的韵味充满了这个古镇，明末清初的古建筑群有南华宫、天上宫、红墙黛瓦、众鳌高翘、雕梁画栋，木雕飞禽走兽、花草

仙市古镇

虫鱼，造型各异、栩栩如生。这里的佛教文化也很兴盛，佛像雕塑林立，长年香火缭绕，古刹钟声回荡古镇，还有"仙女峤"，曾有"瑶池"之称，内有摩崖石刻、石窟观音、月亮井等名胜古迹。

🚗 **交通提示** 自贡汽车总站的 103 路公交车可以到达仙市古镇。

🍴 **美食情报** 自贡川菜自成一派，麻辣鲜香的盐帮菜已是川内最为火暴的流行菜式。说到盐帮菜，不能不提到牛，自贡是一个把用牛肉做菜发挥到极致的地方，著名的牛佛烘肘一定要品尝。

👁 **精彩看点** 每个新年的自贡灯会，八方宾客纷至沓来，那满目的灯山光海、珠阁琼楼、龙游凤舞，伴随光与影的神奇，将新年的欢乐推向了高潮。

自贡老街位于自贡市自流井区釜溪河畔。从凤凰坝至张家沱，大约两公里长，岸上的茶园是人们休闲品茶的好去处。河风拂面，身心惬意。

在老街的最高处有一口井，名叫自流井，而这座城市也因它得名。

李庄古镇

江导岷江，流通楚泽，峰排桂岭，秀毓仙源

地处长江南岸的李庄与大桂轮山隔山相望，依山傍水，风景宜人，其古建筑在中国建筑史上有着重要地位，最为著名的当数旋螺殿、栗峰山庄，其中旋螺殿为李庄四绝之一。旋螺殿、魁星楼等古建筑深得中国古建筑专家梁思成先生赞赏。1939 年，国立同济大学、金陵大学、中央研究院、中央博物院、中国营造学社等十多家高等学府和科研院所迁驻李庄，全国知名专家、学者如李济、林徽因、梁思成等云集李庄达六年之久，梁思成在此完成了《中国建筑史》；林徽因曾写下一首《十一月的小村》，描述了李庄古镇优美而充满诗意的乡村画面。

🚗 **交通提示** 宜宾南岸客运站乘坐任何一辆发往李庄的公交车即到。

李庄古镇

🍴 **美食情报** 最有特色的是渔舫，在渔船上品尝各种河鲜，如长江鲤鱼、黄辣丁等，价格都很公道，另外古镇上还有一些小店，经营李庄白肉和长江河鲜，价廉物美。

✒ **友情提示** 玉佛寺里每逢初一和十五都有庙会，这是一种很难看到的民间活动。

旋螺殿　　梁思成评：梁柱结构之优，颇足傲于当世之作

位于李庄镇南 2.5 公里处，在进出李庄的路旁石牛山上，这座三层重檐的八角形建筑始建于明朝万历二十四年（1596），25 米高的建筑采用抬梁支柱法，进深和面阔均为 8 米，整个建筑没有一根铁钉，其建筑工艺堪称一绝。近代建筑学家梁思成、刘敦桢等人曾多次亲历实地研究考察，其中梁思成先生在 1945 年出任联合国大厦的设计顾问并参与联合国大厦的设计工作时，就将旋螺殿的受力原理运用于联合国大厦的顶部。

旋螺殿的藻井做得精美绝伦，顶部为八面合成，网络状的花纹从左至右盘旋而上，构思精妙。

祖师殿、玉佛寺和慧光寺　　是除旋螺殿之外，李庄最值得参观的古建筑

李庄镇上现存的古建筑还有祖师殿、玉佛寺和慧光寺等。

祖师殿原名真武宫，始建于清道光十三年（1833），由当时的民间组织天灯会筹资修建，由前后两个四合院组成，为砖木结构，总面积 4349 平方米，古朴清幽，建筑保存基本完好，几户当地居民在这座有着悠久历史的建筑里过着悠闲的生活。

玉佛寺位于李庄西头，原来的名字叫天上宫，是福建移民的会馆，也是供奉天后圣

母的地方，始建于清道光二十五年（1845），玉佛寺是1998年才取的名字，现在寺内所供奉的是缅甸玉佛。整个建筑由两个四合院组成，由大山门进入依次为戏楼、厢房、前殿和后殿，木质建筑的梁柱、门窗都有精美的雕刻，多为深浮雕和透雕（又叫镂空雕），让人称奇，而四周风火墙的斗拱飞檐同样让人叹为观止。我们到李庄时，恰逢寺内在摆流水席，那天是观音菩萨的生日。距此不远的是慧光寺，寺内存有李庄四绝之一的九龙石碑，雕功精湛，构图精妙，世所罕见，另有一些书法作品供人观摩。

李庄的老街上除了那些豪华的建筑，还有普通的民居，保存最为完好的是席子巷。这是一条建于清朝初年的老街，长60余米，宽2.5米，整条街都是一楼一底的木建筑，穿斗结构，二楼清一色的木挑吊脚楼，上有屋檐，街两旁的檐口仅40厘米的距离，站在街市往上眺望，仅看见一丝天空，故而席子巷又被称作一线天。

夕佳山民居

难得一见的"川南农耕文化的缩影"

位于宜宾市江安县城东南18公里处。建于明万历年间，后经清、民国期间几次较大的修葺，至今保存完整。民居坐南向北，南依安远山脉，北临层层浅丘，有"千人拱手、万山来朝"的气势。占地6.8万平方米，建筑面积1万余平方米。房舍123间，为悬山穿斗式木质结构，深院高墙，飞檐黛瓦，古木参天，掩映于修竹茂林之中，风光秀丽，景色迷人。 夕佳山民居是我国目前保存最整的古代民居建筑群之一，被誉为"中国民间建筑活化石"。

夕佳山民居

佛宝古镇

佛宝古镇

一个有着许多奇特之处的川南古镇

　　三宫八庙、古戏楼台、古树苍苍，佛宝古之所在，不只是这里的古建筑，更多的是这古镇的"神"，和一些景点的仿古"伪作"相比，佛宝镇的的确确有太多太多它们无法"仿"得出的东西。

　　天后宫百年老黄桷旁，遒劲枝条拥着古人字画经坟冢——字库。古人尊圣贤惜字画，凡有不中意之作，绝不随地乱抛乱弃，必将以火焚之，放入塔形字库；镇上的百余户人家中，90岁左右的老人竟有二三十人，个个看起来神态安详，可称"百岁村镇"。

🚗 **交通提示** 佛宝镇是佛宝森林公园的门户。乘坐到佛宝的班车即可到达。

🎫 **门票** 12元

🍴 **美食情报** 当地人开的小餐厅可以吃到具有乡土气息的菜，川南特色口味。苦竹笋、野猪肉、家养土鸡、野生鱼类等，春夏时节还能吃到生炒柴胡叶等野菜。佛宝山珍、腊肉泉水豆花是玉兰山宾馆的特色菜品，佛宝玉兰山景区竹苑特色菜有煨腊猪蹄、煎笋子等。

❶佛宝药蜂蜜是每年7月蜜蜂采集药材花酿成，不仅味道好，而且具有滋补功效。❷佛宝豆花白嫩细腻，十足的山野风味。❸佛宝的梅子分为红梅、白梅、药梅等。红梅呈深红或暗红色，味道醇正。❹合江县是荔枝之乡，据说当年杨贵妃吃的荔枝并不是岭南货，而是四川合江县的野生荔枝，至今此地仍有叫"妃子笑"的荔枝品种。

尧坝古镇

不可错过的川南影视城

　　位于川南黔北接合部，始建于北宋，地处川黔交通要道，古有"川黔走廊"之称。周遭植被完好，山水纵横，四季繁花争艳，景观奇特，素有"彩林之乡"之美誉。至今保存有长1000米的青石板古街道、古民居

159

尧坝古镇

群和明朝古庙东岳寺、清嘉庆建筑大鸿米店、清代进士牌坊、神仙古洞、尧王古墓等古代建筑。汇集了川、黔两省的浓厚历史文化和古风民俗，形成独具特色的中国西部川黔古镇，是享誉川黔的文化名镇、影视基地、佛教圣地。

川西古镇

上里古镇

四川"十大古镇"之一

位于雅安市雨城区北部。古镇初名"罗绳"，是历史上南方丝绸之路临邛古道进入雅安的重要驿站，是唐蕃古道上的重要边茶关隘和茶马司所在地；近代又为红军长征过境之地。又因场镇内有韩、杨、陈、许、张（韩家银子——钱、杨家顶子——官、陈家谷子——田、许家女子——靓、张家锭子——

斗）五大家族居住在此，故俗称"五家口"。

古镇修竹、溪水、古桥相映成趣。镇上古朴的建筑高低错落，石板铺街。从古镇沿河上溯1公里，有十余座古桥，造型无一相同。其中最具代表性的是清乾隆四十一年（1776）的"二仙桥"（单孔大跨度石拱桥）与清乾隆十四年（1749）的"立交桥"（进入古镇的必经之路，桥面平整，两端为引桥，可上下通行）。

白马泉、喷珠泉是上里古镇域内独特的风景区，素有"雅州山水秀，二泉天下奇"的美誉。白马泉古名"龙渊"，是常年恒温间歇泉，因起潮落潮均能听见马蹄的声音而得名；喷珠泉，距白马泉100米，泉边有清代雅州太守黄云鹤所书"喷珠泉"三个大字，泉水终年不枯，珍珠般的气泡从池底喷出。

古镇内的韩家大院始建于清代嘉庆年间，院内雕刻历经三代人方完成，雕刻内容以川戏折子戏和历史典故为题材，其独特的镶嵌式雕刻工艺，实为地方一绝。

古镇境内还尚存红军石刻标语数十幅，形成一条"红军走廊"。

🚗 交通提示 成都新南门汽车站有直接到上里古镇的班车。

🍴 美食情报 上里古镇有一道"乌骨鸡炖山药"，味道鲜美，又滋补身体。

乌骨鸡炖山药，上里古镇的乌骨鸡炖山药选田地土鸡及当地山药慢火烹制，堪称一绝。

蔡鸭子，蒙顶山下的"蔡鸭子"，选本地在无污染环境中生长，以水草、鱼虾等为主食的土麻鸭为原料，辅以30多种香料，继承和拓展传统工艺，经16道工序精制而成，以香、酥、脆、美的特点而闻名。

👁 精彩看点 韩家大院位于四家村，大院始建于清代嘉庆年间，院内雕刻历经三代人方完成，雕刻内容以戏曲和历史典故为题材，其独特的镶嵌式雕刻工艺，实为民间一绝。

每年春节期间在上里举办的"雅安市农家媳厨艺大赛"，又看热闹，又能饱口福。

每逢年节古镇都会云集四面八方的乡里乡亲，唱戏、赶集好不热闹。自娱自乐的原味川剧是在剧场里听不到的。

春节期间，有浓郁乡土风情的"杀年猪，吃血旺汤"、"山歌对唱，接亲表演"，是城里人很难体验到的"年味"。

🔥 望鱼古镇

> 被岁月打磨光滑的石板路令人遥想起当年茶马古道上来往的客商与马帮

位于雅安市城区以南35公里周公河的上游，毗邻洪雅县瓦屋山镇，建于明末清初，因茶马古道在此设有驿站而形成场镇。主要建筑坐落在突兀于山腰的一块巨石之上，因巨石形似一只守望着周公河游鱼的猫而得名。

望鱼老街为一条狭长的一字形长街，一条青石板路纵贯全街面，路面已被岁月打磨得幽幽发光。街道两侧全部为木结构青瓦房和吊脚楼，精致的瓦垄、墙角、窗棂和柱基

上里古镇

上里古镇

石上的雕花显露出昔日的繁华。这些建筑曾经是衙门、银庄、当铺、药店、绣楼、旅店、饭馆、茶铺和戏台，现在大多已成为民宅。老街两头长长的石级，可到达河边，并与新街相连，要进入老街，必须顺石级登至山腰，表现出易守难攻的防卫性，是古镇出于防御山匪流患的需要而建。

因地形限制，望鱼老街民居多采用下店上宅或以天井分割前后不同功能。房屋的地坪有一定高差，有的门口还设有若干级石级，石级与街面有各种式样的孔洞相连，形成完整的排水系统。雅安古称"天漏"，当地雨水较多，住宅多用四合头式，又称"四水归池"式，四面屋檐相连，落雨时行人可从檐下通到各处。

🚗 **交通提示** 雅安上坝卫校处有金杯车半个小时直达望鱼古镇，15分钟发一趟车，票价9元。或坐4路公交车到终点站。

🔆 清溪古镇
深山中的小家碧玉

清溪古镇，大山深处，一座依偎在青竹江边上，晚清风格的小镇。

🔆 礼州古镇
南方丝绸之路牦牛道上的重要驿站，明代所建的老城保存完好

礼州古镇有两千多年的历史，自古以来便是西昌的北大门，今日所见的礼州古城为

望鱼古镇

明代所建，是明清时期政治、文化的象征。民居多为砖木或土木结构，底层临街多装有活动铺板，内置柜台经商，后院有天井，植以花木。天井既可采光，也让空气流通，盛夏时节，由天井穿过商铺的风被称作穿堂风，因而这类民居冬暖夏凉。

礼州古镇最具代表的建筑是文昌宫和西禅寺。文昌宫建于清光绪甲申年（1884），坐东向西，气势不凡。纵横三院三排，门窗梁柱雕饰精美，古色古香。西禅寺是一座尼姑庵，香火旺盛，大殿顶端尚存当年南方丝绸之路上的定位引路的灯罩，据说在冕宁泸沽镇就能看见大殿顶上的灯光，为商贾指引方向并确定行程距离。

不大的礼州茶馆林立，七街八巷中有近百家茶馆，条几拼成长长的"一"字，人们围坐两边，聊天抽烟做生意，其乐融融，生活的气息惬意而安详。逢集的日子，山上的彝族同胞会带来各种土特产和手工艺品，于是礼州又成为一个民族风情的展示之地。

🚗 **交通提示** 每天从西昌大巷口刘伯承塑像处发往礼州的公交车很多。

水磨古镇

磨西古镇

想去海螺沟，先来磨西镇

磨西古镇位于去海螺沟景区的必经之道上，海螺沟冰川森林公园入口处，属海螺沟风景名胜区外围保护地带，近年来因为海螺沟而名声大振。

磨西古称磨西面，原系氐人后裔磨西人聚居地，始于汉代的磨岗岭古道使磨西成为川藏通道上的繁华重镇。现磨西镇内保留有较完整的老镇古街区，为清末民初民居古建筑群，走在青石板铺就的老路上，仿佛回到了从前。旧有的中国式建筑依旧保存着那份凝重，而其中一座法国传教士修建的哥特式教堂，它所传出的礼拜祷告钟声已回响了一个世纪。中西文化的交融给古镇增添了另外一番情趣。

水磨古镇

最大羌城古镇

紧临映秀镇，位于岷江支流寿溪河畔，距离成都80公里。汇集了羌、藏、回、汉等民族，地震前主要发展工业，是一个农业大镇和工业大镇。在2008年5·12汶川大地震中，距离震中仅仅4公里的水磨镇受到重创，房屋全部损坏，四分之三以上的房屋倒塌；山体严重滑坡，交通、通信、电力、供水等重要基础设施完全瘫痪。

三年后，这里浴火重生，已变身一座现代山水小镇，一半是汉族风格的禅寿老街，另一半是羌族风格浓郁的羌城。

桃坪羌寨

是世界保存最完整的羌族建筑文化艺术"活化石"

位于理县桃坪乡，在汶川和理县之间，是至今仍然保持着古朴风情的原始羌族村寨。桃坪羌寨距成都163公里，距县城41公里，杂谷脑河水从寨前奔流而过。依山而建的桃坪羌寨建于768～770年，寨内耸立两座九层石块垒砌的碉楼，与对岸山峰烽火台遥遥相望。

寨内的通道很复杂，没有人带路常常会

萝卜寨

到萝卜寨去看凤凰

萝卜寨位于阿坝藏族羌族自治州汶川县雁门乡境内岷江南岸高半山台地之上。地处著名的九寨沟风景区必经之路上。从汶川县前往萝卜寨不到十公里，刚转过声名远扬的雁门关，一座矗立于 317 国道旁的羌碉和一座古老的烽火台指明了进入萝卜寨的入口。沿着十公里黑色路面的盘山道盘旋而上，首先映入眼帘的是索桥村，之后便是小寨子村，最后进入了萝卜寨。

萝卜寨为冰水堆积的阶坡台地，地势平缓、宽阔，是岷江大峡谷高半山最大的平地，也是鸟瞰岷江大峡谷风光最理想的场所。萝卜寨是迄今为止发现的世界上最大、最古老的黄泥羌寨。萝卜寨历史悠久，地势独特。考古学家说：萝卜寨早在 3000 ~ 4000 年前就有人类生存；地质学家说，在岷江大峡谷中的这片黄土地感觉是天外来物；民间传说更是丰富多彩、委婉动人。萝卜寨地名四次大的变更（萝卜寨最早称为凤凰寨，后为富顺寨，再后为老虎寨，最后是沿用至今的萝卜寨）是萝卜寨历史久远的见证。萝卜寨地处凤山和凰山之间，萝卜寨整个建筑形态看上去像一只展翅欲飞的凤凰。

古老的萝卜寨建筑形态特别，中心寨区的建筑几乎户户相连，层层叠叠，错落有致，屋面几乎连成一片，上一家屋顶即可通到数十家甚至百家。寨内巷道阡陌纵横，可以称得上古羌人最古老的街市，也是古羌人御敌的坚固壁垒。萝卜寨古老而淳朴的民风民俗让人感动，家家夜不闭户，人人路不拾遗，走进萝卜寨，让人感觉仿佛闯入了云朵上的伊甸园。

迷路。依山势而建的寨子易守难攻，即便是被围得如铁桶一般，寨内的人依然不会慌乱。因为被围最为担心的是粮食与水，粮食家家户户都有存余；至于水，祖先早已从远处的雪山引下水来，在寨内形成密如蛛网的水道通往每家每户，揭开门前石板，就能取水。人行寨内但闻水声叮咚，却不知水源在何处。这些水道的水清澈洁净，既解决了平日所需，也有防火的作用，同时也为战时的稳定起到重要作用。

🚗 **交通提示** 在成都茶店子客运站每天有十几次开往汶川县的班车，从汶川县城至桃坪有面包车或中巴车。另外，开往理县的班车也途经桃坪羌寨，每天 5 班。

📖 **住宿参考** 桃坪羌寨有不少家庭旅馆，吃住都很方便，在这里住上一晚是最好不过的旅途内容。

👉 **友情提示** 汶川大地震中，桃坪羌寨有房屋部分坍塌，三座著名碉楼的楼尖，也有部分垮了，但主体建筑依然完好。这已经是桃坪羌寨在百年之内，第三次遇上地震屹立不倒。

川北古镇

龙隐古镇

大名鼎鼎的王保长，原来就是"住"在这里

龙隐古镇原名北斗镇，具有西南地区独一无二的古镇建筑风格，具有独特的川北二三十年代民居特色，景区主体建筑风格独特，配以各个时期的龙的图腾青石雕刻壁画等，让人感受到小镇与其特有的人文文化的完美结合。聚龙广场那里的庙会舞台、湖广会馆、龙隐镇茶馆餐厅等非常具有浓郁的川北民俗特色，十分吸引游客的视线。

电视剧《王保长新传》、《王保长歪传》、《王保长后传》等剧目就在此拍摄。你到了这里，可以自演一段影视剧，留作纪念，也让自己当一回明星，过把瘾。可以亲身体验一番昔日的交通工具：喜庆的花轿、独具特色的鸡公车、简易轻便的滑竿，相信它们浓浓的乡土趣味一定会带给你无限的快乐与回味。

走进李宅，品品盖碗茶，感受一下昔日李氏家族的生活，体验古典民俗和现代舒适的完美结合。

如果你愿意的话，你还可以在李公馆举行一场民俗婚礼，回味你昔日新婚的那份来自心底的喜悦。

昭化古城

三国时期，刘备入蜀夺取的西川第一关

昭化古城距今已有近3000年的历史，早在公元前771年的西周，这里便有了城邑——苴国，在其后的两千多年的时间里，先后叫过葭萌县、汉寿县、晋寿县、益昌县

和昭化县。昭化县这一名字从北宋太祖开宝五年（972）一直沿用到新中国成立之初，后来这里成为昭化区和昭化镇。昭化古城在三国演义或三国志里称作葭萌的历史也有500多年，是公元前316年至公元217年。众多的名字中，最为有名、也是令人记忆最深的还是葭萌关和昭化城。

昭化历来就是兵家必争之地。昭化古镇以西是三国时期的重要军事要塞白水关，刘璋曾在此布重兵以防刘备，后被诸葛亮用计杀了守将杨怀、高沛，从而打通了进入西川的通路，所以后来有人说蜀汉政权兴于葭萌，亡于剑阁。后刘备取得西川政权建立蜀国后，出兵伐魏均在此地分兵，这里也是蜀汉政权的粮草中转站。蜀汉政权危亡时，姜维、廖化曾在昭化白水关合兵作"剑阁天险"以外的人工防线。蜀汉大将军费祎也在此地设置官邸，现存的费祎墓高约3米，是清光绪三十三年（1907）重建的墓碑。此地还有鲍三娘墓，鲍三娘是关羽三子关索的妻子，能征惯战，屡建战功，死后葬于此地。还有张飞夜战马超的战胜坝、姜维固守牛头山的寨门和姜维井……昭化就这样顽强走进了我们的记忆。

交通提示 广元至昭化的车很多，有中巴车，较多的是面包车。

门票 旺季58元，淡季40元。

美食情报 ❶怡心园：特色菜有河鲜、汤锅、腊肉系列、农家菜等。也可住宿。❷超群酒家：乡村农家菜、古街家常菜、两江鲜鱼、风味冷碟、田园小吃。❸兴盛酒家：酸菜鱼火锅、凉拌鸡。

恩阳古镇

千年小镇，辉煌历史

恩阳古镇是古巴人的聚居区，有千年的历史。在川东巍巍的大巴山中，依山傍水间，有着极具川北特色的民居群落，至今还部分地继承着巴文化的遗风。因其位于巴河岸边，据说，历史上是川东北重要的水码头，水运相当发达，上通南江，下至重庆，常有几百只商船在恩阳河岸停靠，可见当时的市场繁茂景象。

据史载，明清时期，恩阳镇内常住人口一万人，并常有3000多商人往来于此，大小商号150多家，盐店19家，饮食店60多家，客栈、茶坊、酒家50多家，商号小贩不下200家，所以这里又是川东北大巴山深处重要的物资集散中心。

这里最值得参观的有青石铺就的起凤桥，记载着历史的82株古榕树点缀于巷间的古街和多为二进式或三进式小四合院，门面多为可拆卸的木板门的民居。

小贴士 Tips

女儿节

相传，唐朝女皇武则天的母亲在广元游河湾时偶遇黑龙感孕，于农历正月二十三日生下武则天。广元人为纪念武则天，每年在其生日举行妇女游河湾活动。这天，人们成群结队到皇泽寺、则天坝和嘉陵江畔游玩。妇女们穿戴一新，相互邀约沿河湾畅游，以讨吉祥。新中国成立后将节期定在公历9月1日，并定名为"女儿节"。这天，广元将举行赛凤舟、登凤楼、现场书画表演、展览、文艺演出、游河湾、女儿节之夜等一系列女性文化活动和商贸活动。

康巴风情探秘

稻城秋色

　　寻梦香格里拉，这是世界上最美丽、最纯净的旅途之一。尤其是当你走到峡谷的尽头，仰望着赫然出现在眼前的亚丁神山；或是默默地注视着蓝天白云下那片凝固的幽蓝，你能感觉到自己的心在融化。这里是这个星球上最后的净土，自然与心灵最和谐的家园。

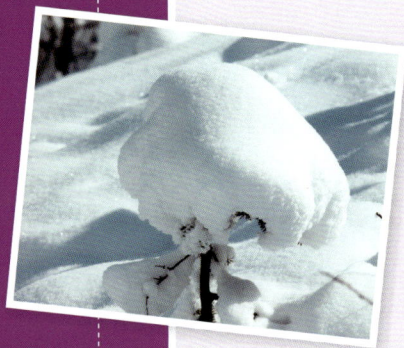

精选线路 ❶

成都市→雅安市→泸定县→康定县→新都桥镇→塔公镇→丹巴县→小金县→成都市

沿途推荐景区景点　海螺沟冰川森林公园、跑马山风景区、木格错风景区、新都桥风景区、塔公草原风景区、丹巴美人谷、四姑娘山

海螺沟冰川森林公园

观赏蜀山之王贡嘎山的理想场所

　　海螺沟冰川是贡嘎山东坡众多冰川中的一条，尾端伸入原始森林区达 6 公里，海拔只有 2850 米，是地球上同纬度的冰川中海拔最低的。

　　海螺沟在海拔 2850 米的地段上，分布着长 5700 米的冰舌。冰面上到处是冰面湖、冰面河、冰裂缝、冰蘑菇、冰洞、冰桥……冰川弧拱晶莹透明，蓝中透绿。而从冰川"城门洞"进出的游人，探访的是冰下河的出口，观赏到的却是水晶宫。

　　海螺沟山下常春无夏，植被茂盛，绿荫苍翠。山顶终年积雪，年平均气温在 -9℃左右。

　　海螺沟是观赏蜀山之王贡嘎山的理想场所。登上二层山或狮子岩，放眼望去，碧空如洗，数十座雪峰从云中直插苍天，贡嘎山雄踞群峰环簇之中。每日清晨或傍晚，数十座雪峰全披一层灿灿夺目的金光，这就是海螺沟最著名的日照金山。

🚗 **交通提示** ❶ 成都新南门车站每天有直发海螺沟的长途班车，5 个小时左右到达，150 元左右。或选择前往康定的班车买到泸定，参观一下著名的泸定桥，然后搭乘泸定到海螺沟磨西镇的班车，15 元左右。❷ 从四姑娘山也可以直接到海螺沟，不过路途辗转比较辛苦，线路是四姑娘山→小金→丹巴→康定→泸定→磨西镇→海螺沟三号营地。小金有到康定的班车，而康定到泸定距离很近，班车或打车都非常方便。这是一条别有风味的线路，但路途时间长，不愿走回头路喜欢别样风景的朋友可以考虑。

🎫 **门票** 门票价格：75 元/人，观光车票：60 元/人，索道价格：150 元/人，温泉价格（一营、二营）：65 元/人，（神汤）：80 元/人。

🛏 **住宿参考** 可住在海螺沟景区，内有三大主要宿营地：一号宿营地，位于达干烟沟口，距磨西约 11 公里；二号营地，位于热水沟瀑布附近，距一号营地 6 公里，周围景点较多，可就近游览森林、温泉；三号营地位于冰川观景台约 2 公里。

169

海螺沟冰川

燕子沟 一条著名的国际登山旅游线路，攀登贡嘎山的运动员大多在这里设立大本营

　　海螺沟的姊妹沟，位于海螺沟西北 10 余公里的地方，周围有 15 座 5000 米以上的高峰，从海拔 2100 米逐次向上延伸至 7556 米的贡嘎山主峰，目前还是一个鲜有人迹的地方。沟内的景色原始自然，特有的红石沟和奇沟内的石头千奇百怪，大面积的彩叶林带更是秋天的宠儿。

🚗 **交通提示**　到燕子沟旅游一般是徒步。从磨西镇上租车前往，车只能到达公路的尽头，剩下的路程就用双脚了。最好和司机约好时间来接你。燕子沟全长 35 公里，徒步约需 3 天。有马出租，50 元／天。

田湾河风景区 集温泉、河流、高山湖泊、森林、冰川、牧场等自然景观于一身

　　为"蜀山之王"贡嘎山的南坡，与东坡的海螺沟国家冰川森林公园相毗邻。景区内的贡嘎冰川是贡嘎山主峰西坡最大的冰川，它由大贡巴冰川和小贡巴冰川汇合而成，冰舌末端延伸至海拔 3640 米的森林中，步行可上，是世界上已知的为数极少的可以身临其上的低海拔现代冰川之一，也是海螺沟冰川之外贡嘎山冰川考察和观赏的一个重要地点。

　　田湾河上游——莫溪沟的巴王海和环河上的人中海是贡嘎山主峰旁两个较大的高山湖泊，两湖湖水清澈，环境静谧清幽，加之雪峰掩映，密林环绕，更使湖光山色妩媚动人。

🚗 **交通提示**　可从磨西镇坐车到猫子坪的大渡河桥（去泸定也会经过此桥）。然后在桥头搭乘开往石棉的班车，或者在桥头搭乘当地的面包车到石棉，在中途的两河口下车即可。

🛏 **住宿参考**　在草科乡可以住在一号营地，又叫红房乐度假村，当地人称红房子，15 元／床，有卫生间，温泉池浴 5 元（由红房子向西走 2 分钟有大热水浴室，温泉池浴每人 2 ~ 5 元）；或者住在当地的老百姓家，每天 5 元钱就行。

跑马山风景区

> 藏族著名的神山之一，藏语为"拉姆则"，意为"仙女山"

位于康定南面的城边上，海拔约 2700 米，跑马山公园一年一度为纪念佛祖释迦牟尼的诞辰（浴佛）而举行的"四月八"转山会是康定城的重大日子。跑马山上有五色海、吉祥禅院、浴佛地、凌云白塔、跑马坪、东观亭、飞云廊、咏雪楼等景点，还可俯瞰康定全城。每到杜鹃花开时节，遍山苍松翠柏，鸟语花香，极有诗情。

🚗 **交通提示** 在县城边上，最好走路过去，也可以打车。跑马山不能全程通公路，上山需要 2 小时左右。

¥ **门票** 50 元

木格错风景区

> 集雪山草地、温泉湖泊、飞瀑森林、奇山异石于一身

位于康定县城东北的雅拉乡境内，距县城 31 公里，海拔 3200 ~ 3700 米。木格错又叫野人海，由杜鹃峡、七色海、药池沸泉、木格错和红海草原等几个小景区组成。

🚗 **交通提示** 康定至木格错可租车前往，当天返回县城。

¥ **门票** 120 元

🍴 **美食情报** 木格错旁有盒饭、方便面、饼干、烧烤等提供，但不能住宿，只能返回县城。

杜鹃峡 夏天这里是杜鹃的世界

位于叠瀑的尽头，成片的杜鹃林蔚为大观，行走其间，听水看花，令人乐而忘忧。

七色海 由湖水与温泉交融而成的高原湖泊

景色一日多变，清晨，湖面如镜般平静透亮；午后涛声如雷震撼山谷；傍晚波光粼粼如金子般灿烂夺目。在不同季节可欣赏"双雾坠海"、"木格夕照"、"木格涨潮"等云、雾、霞、水奇观。

药池沸泉 70 余平方米范围内集有百个泉眼，治疗不同的疾病

称为药泉的沸泉群水温高达 90℃，含有多种对人体有益的元素，不同的泉眼（如明目泉、健胃泉、洗脚泉等），分别对治疗眼疾、胃病、风湿等病症具有不同的疗效。

木格错 又叫野人海、木格海，有"小九寨"之称

面积 50 平方公里，周围有红海、白海、

木格错景区

新都桥

黑海等 7 个卫星湖及松杉和杜鹃林带，以及包括折多山在内的 37 座雪峰。木格错长 5000 米，宽 1500 米，水深 70 余米，面积 4 平方公里，是川西北海拔 2000 米以上地区最大的高山湖泊。木格错四周群山环抱，山上的白杨、红杉、杜鹃等将大山裹得严严实实，四季给大山披上不同色彩的衣裳。极目远眺还可观赏到藏羚羊、野牛、鹿、熊、狼、麝等许多野生动物的攀崖绝技以及马鸡、松鸡、黄鸭等在林间水中嬉戏。

新都桥风景区

素有"光与影的世界"、"摄影家的天堂"之称

位于川藏南、北线的分路口。新都桥并不是什么大景点，却有唾手可得的自然美景。

过了折多山垭口，沿途就可以见到一个个典型的藏族村落依山傍水地散布在公路两旁，一条浅浅的小河顺着村前缓缓流过。村后的山坡上漫游着星星点点的牦牛和山羊。同是小桥、流水、人家，却有别于江南那娟秀细腻、烟雨朦胧的景象，这里最美的季节是繁花似锦的春天，还有色彩斑斓的金秋。

🚌 交通提示 可搭乘康定到北路各县的班车或小面包车，车费 30 元。

🚌 住宿参考 新都桥胖子饭店有得吃有得住。

塔公草原风景区

塔公在藏语里的意思是"菩萨喜欢的地方"

塔公距康定县城 110 公里，被藏族同胞尊为神山的雅拉雪山就耸立在草原边缘，使塔公草原显得十分壮丽。塔公草原深处的藏族村落原始古朴，藏族牧民淳朴厚道。

每年 7 月下旬至 8 月初是藏族人在草原上举行盛大的民间活动"耍坝子"的时间，其间有赛马、歌舞等节目，一夜之间草原上便搭起了五彩缤纷的帐篷，热闹非凡。塔公还有著名的塔公寺和各日玛大经塔。每逢藏历十月至来年的正月十五，周围各县的藏族群众都会身着艳丽的节日盛装，集中到各日玛转经塔和听经。

交通提示 康定到塔公每日有多班小客车来往，非常方便。

门票 塔公寺 30 元

住宿参考 推荐塔公寺旁的牦牛旅店住宿，也可返回康定县城。各日玛村有民居接待，有两家藏族村民提供简易的饭菜，以藏餐为主，也供应方便面。

友情提示 ❶ 塔公寺是康巴地区藏族人朝拜的圣地之一。❷ 每年藏历六月中下旬，寺庙将举行盛大的佛事和跳神活动。❸ 若是喜欢人文风情，那么去各日玛最好的季节是每年正月十三至十五这几天。

塔公寺　藏传佛教萨迦派（花教）的著名寺庙之一

塔公草原上的塔公寺有"小大昭寺"之称，始创于清嘉庆年间。寺内正殿供奉着花教创始人萨迦班智达的塑像，另有一个专殿供奉头戴镀金帽的释迦牟尼塑像，据说这是文成公主进藏时带来的。寺庙四周分别建有东方白塔、南方黄塔、西方红塔和北方绿塔。这 4 座塔加上另外百余座造型各异的佛塔共同组成的塔林环抱着寺庙，寺后的经幡远观是一个巨大的三角形，蔚为大观。

各日玛　由数百万块雕刻好的嘛呢石堆砌而成的建筑

各日玛是一个位于塔公草原深处的村落，这里有一座全用嘛呢石建成的佛经塔，是康巴地区最大的经塔。塔有两层，下面是转经长廊，是藏族人民的虔诚的宗教信仰所催生的宗教艺术建筑。

走进各日玛，藏寨、桑烟、经幡、诵经、藏寺、身着盛装转山的藏胞，宛若一幅浓郁的藏族风情画。每年藏历正月十五之前的三个月里，当地人都会从青海请来一位大活佛，带领从西藏、青海、云南、四川阿坝等地来的群众一起念经祈祷。

交通提示 康定至塔公每天有多班小客车来往，车程约 45 分钟，也可包车。在塔公可租马。到各日玛只有在塔公镇上包车。

🏔 丹巴美人谷

丹巴出美女，而这里的美女又是丹巴最有名的

位于丹巴县城西南 21 公里的东谷乡境内，其间牦牛河水潺潺、清澈明亮，植被保存完好、品种繁多，林海遮天蔽日、郁郁葱葱；

丹巴甲居藏寨

奇峰异石如林、沟壑纵横、石笋林立、别具一格；陡水岩飞瀑雷鸣。山间有众多海子、谷底热水塘温泉蒸汽氤氲。神奇的景色令人目不暇接、美不胜收，犹如人间仙境，堪称大自然鬼斧神工的奇迹。

丹巴出美人，这里的女孩子大多不施粉黛，丽质天成，凝脂般的肌肤和健美颀长的身材，无一不体现出丹巴美人的天然原质。巴底乡邛山村的美人最为著名，这里被称为"美人谷"，邛山村含一、二、三村，由无数漂亮整洁的藏寨相连而成，整个山谷不仅美人漂亮，山谷美景更漂亮。

🚗 **交通提示** 丹巴到丹巴美人谷的班车往返车票18元，从乡政府出发需步行10公里方可到达邛山。这里时常发生泥石流，最好避开雨季前往。

🎋 四姑娘山

我国的登山胜地，被誉为"东方阿尔卑斯山"

位于小金县东部，是四座山峰的统称。景区以四姑娘山为代表，由四姑娘山、双桥沟、长坪沟、海子沟组成。

四姑娘山主峰海拔6250米，气势磅礴，景色壮丽，吸引了众多的专业与非专业的登山者。猫鼻梁是观看四姑娘山最好的地点。一天中，四姑娘山呈现着不同的身形，从最初在彩霞中的点点亮光，以青灰、玫瑰红色开始，在天光云影中变幻莫测，诱惑着更多的人向她走去。四姑娘山还是观花的好地方，春天之于高原是一个短得不能区分的时段，一晃就进入灿烂而热烈的夏天，黄的、蓝的、红的、紫的花将山变得无比温婉，与云彩一起舞动着世外桃源的旗帜；而秋天，这里的枫红橘黄相伴着雪山冰峰，松萝与冰挂一起在风中享受阳光与风的抚摸；严冬，青山与冰雪同在，秀美与雄浑共存。

🚗 **交通提示** 成都茶店子客运中心每天6:30、7:00、7:30、12:00有发往四姑娘山的班车，中途在日隆镇下车。行程5个小时左右。

🎫 **门票** 双桥沟：淡季50元，观光车50元；旺季80元，观光车80元；长坪沟：淡季50元，观光车20元，旺季70元，观光车40元；海子沟：淡季40元，旺季60元。

🛏 **住宿参考** ❶可住日隆镇招待所，或者双桥沟旁边的四姑娘山庄，房间内有电热毯。也可选择金昆宾馆，它是一家四星级度假酒店，位于日隆镇长坪沟口处。❷如果想体验当地藏族或羌族风土人情，还可以在当地居民的家庭客栈住。此外，吃饭问题也可与房东商量，搭伙的话一日三餐费用较低。

✍ **友情提示** ❶注意带够防寒衣物。❷每年7～8月的景致最美，鲜花盛开，气候凉爽；10～11月则是观赏秋景的好时间。❸在景区内旅游，如果想骑马游览，可与当地马匹服务公司联系。

丹巴碉楼

四姑娘山—日照金山

📷 **好要好玩** 带好露营和户外装备，去探寻海子沟那些隐匿于海拔 4000 米以上的高原海子，那美得让人窒息的景色，绝对让你终生难忘。

每个人一生中没有几次机会能够站在海拔 5355 米的高处，如果体力允许，最好能够登上四姑娘山大峰的峰顶，不需要冒生命危险，却可吐纳着远古、纯净而又稀薄的空气。

骑在马上，或穿行在原始森林中，或驰骋在鲜花草甸上，或蹒跚在陡峭的岩壁间，满足一下儿时跨马走天涯的梦想。

从四姑娘山的长坪沟穿越到理县的毕棚沟，是目前中国境内最经典的穿越线路之一，全程只能骑马或徒步，需要在山中露营一晚，要翻越海拔 4000 多米的高山，最好是三五成群结伴而行，而且需要有很好的向导及背夫才行。

双桥沟 游人最多，最美丽的一条沟

全长 34.8 公里，面积约 216.6 平方公里，可观看到十几座海拔在 4000 米以上的雪山。景区内有阿妣山、古猿峰、猎人峰、望月峰、舍心岩、长河坝、人参果坪、沙棘林、阴阳谷、日月宝镜山、五色山等景观。

长坪沟 3 条沟中景观最丰富的一条

全长 29 公里，沟内 16 公里处便是四姑娘山。景区沟内有藏传佛教寺庙、古柏幽道、沙棘树林、绝壁飞瀑、原野、藏族房舍、雪山、海子、枯树滩等景观。公路只修到距沟口约 3 公里的藏传佛教寺庙，往前只能骑马或徒步。

海子沟 以高山湖泊为主要景观

全长 19.2 公里，沟内有花海子、白海子、蓝海子等 10 多个高山湖泊，湖水清澈见底，蓝天、白云以及层次分明的四周山色倒映湖中，成群的高原黄鸭在水面飞翔，林中飞鸟美妙的歌喉让人感受到海子的灵性。

稻城红草地

长青春科尔寺

精选线路❷

成都市→雅安市→康定县→雅江县→
理塘县→稻城县→乡城县→成都市 🚗

沿途推荐景区景点 长青春科尔寺、海
子山景区、稻城、亚丁

还可顺游景点 跑马山风景区（见
本书p.171）、木格错风景区（见本书
p.171）

🏔 长青春科尔寺

康南最大的一座格鲁派寺庙

位于理塘县城北仲莫拉卡山脚，长青春
科尔寺意为弥勒法轮寺，也称理塘寺。有
"康南黄教圣地"之称。依山势而建的建筑群
高低错落，层次分明。该寺分上下两个建筑
群，房屋依山势错落而布，气势巍然。未进
寺院，首先被佛塔前的嘛呢堆吸引，大小不
一的彩绘嘛呢石琳琅满目堆成小山，石面刻

有佛像、六字真言、经文等，其精美的做工堪称石刻艺术品。这种大型彩绘嘛呢石堆在甘孜一带并不多见。拾级而上，给人以极目云天、绝尘归神之感。寺内珍藏有许多珍贵文物，如三世达赖喇嘛的脚印、七世达赖喇嘛用过的金鞍等。

长青春科尔寺原属苯教，后由三世达赖改宗格鲁派，有康南第一寺之称。理塘民谚道"上有拉萨三大寺，下有青海塔尔寺，中有理塘长青寺"。长青春科尔寺的发展与出生于理塘的七世达赖噶桑嘉措、十世达赖楚臣嘉措以及十一世达赖灵童候选人益西登巴（又称一世禾主香根活佛）有密切关系。

🚗 **交通提示** 从县城步行40分钟到达，乘出租车30元往返。

🎫 **门票** 5元

✍️ **友情提示** ❶别错过寺院里高僧大德讲故事；❷野生菌汤，味道极其鲜美。

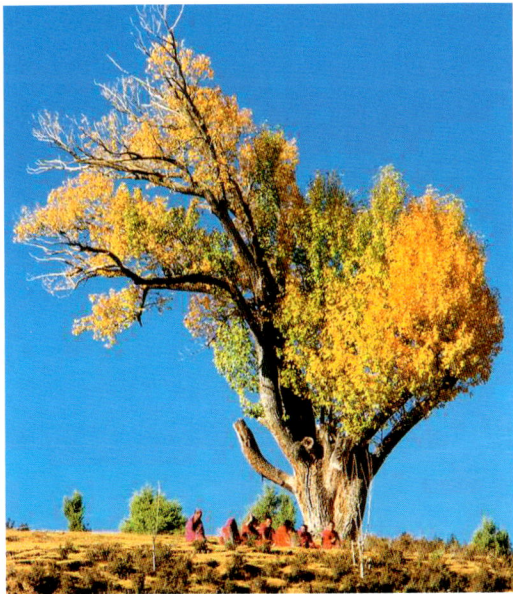
闲聊的喇嘛

🏔️ 海子山景区
青藏高原最大的古冰体遗址——稻城古冰帽

位于稻城北部高原区，地处稻坝区的桑堆、茹布、省母乡和理塘县与乡城县之间，海拔4487米。

海子山属横断山系沙鲁里山脉，海子山在3237平方公里的范围内共有1145个大小海子，故得名"海子山"。到海子山除了看海子，随处可见的石头也是一景。那一山千奇百怪的石头铺天盖地，形神兼备，神秘莫测。这些大大小小的砾石与湖泊，是青藏高原乃至世界规模最大、最典型的古冰帽遗迹——"稻城古冰帽"。

🚗 **交通提示** 从理塘坐班车到稻城的路上是会路过海子山的。如果包车，费用在300元左右。

🎓 **住宿参考** 海子山还没有开发，没有食宿接待，需当天往返。如果想进入海子山地区游览，需找当地向导，以保证安全。

🏔️ **好耍好玩** 海子山堆放着无数的巨石，仿佛让人看见远古陨石雨的宏大的场面，千奇百怪却又形神兼备的巨石累累，天然石雕比比皆是，四周沟壑纵横，坡度和缓，风光旖旎，景色迷人，这一切完美地形成了一个天然的石头公园。

兴伊错 海子山最大的高山湖泊，藏族人心中的圣湖，百鸟栖息的天堂

位于桑堆乡以北36公里，海子山中部，海拔4420米，为冰蚀淡水湖，共三湖相连，面积7.5平方公里，也是海子山上最大的湖泊，湖水最深处达数十米，是百鸟栖息的天堂，盛产高原黄鱼，稻城河主要的水源即来自于此，它是当地藏族人心中的圣湖。

西欧风光 一个人的心灵能走多远多高，来到海子山，你就会明白了

来到海子山脚下，会突然发现一幅由群

木格错

雪松

山、森林、小溪、草地组合成的画面，如同典型的欧式风光。

磨房沟 牧草丰茂，溪流潺潺，一派高原牧场风光

位于海子山西南边缘，全长 43 公里，是一条从桑堆通往海子山的山谷，也是桑堆乡藏族人的放牧场。沟内牧草丰茂，溪流潺潺，高原黄鱼成群穿梭。山峦、草场的灌丛中旱獭、野兔、藏雪鸡等小动物随处可见。

稻城
拥有"最后一片香格里拉"之称

稻城位于甘孜藏族自治州南部。稻城古称"稻坝"，是藏族译音，"稻"为边，即沟尾的意思，是山谷夹溪的地方。"稻坝"意即山谷沟口的宽阔之地。这里的主要景区有青藏高原上最大的古冰体遗迹——海子山自然保护区；有广袤辽阔，牧草丰茂的傍河景区；

有念青贡嘎日松贡布雪峰和名扬天下的亚丁景区。

有人这样描述它：鲜花辉映草场，小溪潺潺流淌，海子古朴幽深，神峰戴冰雪冠冕，披白云哈达，卓然挺立，一尘不染，稻城—亚丁是"蓝色星球上的最后一片净土"。1928 年，美国探险家约瑟夫·洛克到达稻城，并把所拍到的照片发表在《美国国家地理》杂志上，引起了巨大轰动。

除了美景，稻城还拥有悠久的历史文化。这里的藏族不仅全民信教，而且教派众多，除原始宗教苯教以外，还有宁玛派（红教）、格鲁派（黄教）、噶举派（白教）、噶当派、萨迦派（花教）等藏传佛教的若干流派。各派的寺庙规模数量不一，全县总共有大小寺院 14 座，其中的雄登寺和贡嘎岭寺最负盛名。

🚌 **交通提示** ❶ 新南门旅游客运中心有车发往稻城，每天 6:30 发车，车程两日一夜，第一晚在康定住宿，第二晚到达稻城。❷ 也可选择先从成都乘

稻城亚丁

亚丁湖水

车到康定，车程 7 小时；再从康定乘车到稻城，隔天 6:00 发车，晚上抵达。

美食情报 稻城以馒头、糌粑、酥油茶、牛羊肉、青稞酒、酸奶等藏式食品为主，也有少量专为游客而设的小餐馆，但食物选择不多，要有心理准备，最好自备干粮。

稻城以酥油茶、牛羊肉、糌粑、青稞酒、酸奶等藏式食品为主，一定要品尝一下。在稻城县城也有很多川菜馆，人均一二十元就可以吃得不错。碰上好时节可吃到不少山珍野味。如春季的菌类，夏季的松茸，配上新鲜的牛羊肉或是野兔、土鸡等，炒炖烧均鲜美。秋季里，会看到路边挂出"高山雪鱼"的招牌。这种鱼不能长途贩运，离开高原溪水后很快死亡。不妨点上一两条，店家用川味大法弄得红彤彤的一锅，麻辣够劲；或是清蒸上桌，鲜香爽口。再配以当地自酿的青稞浊酒，高原的寒气又算得了什么！

日瓦乡的菜品相较稻城简单，游客最好自备一些干粮。如果住在"三圣如意"，还可自助式显弄一番厨艺。在日瓦乡的餐馆里可以买到一些熟食，如卤牛肉、馒头、鸡蛋等，也可作为干粮补给。

亚丁自然保护区的餐馆不太多，而且都集中在保护区外的营地——亚丁村和龙龙坝附近。如果住在藏族居民家里，自然可以就地解决吃饭问题，主人还会免费提供酥油茶。进入保护区后，就没有什么食宿点了，需自理饮食。在冲古寺附近有帐篷大

厨房，可在里面烧制饮用水、烹煮方便面。当地的藏族人还不时会零售少量的新鲜蔬菜、山珍和鸡蛋等。洛绒牛场有牛棚营房，里面火塘常燃，也可烤食或烧水。

时间 6～8 月为夏季，11 月～次年 3 月为冬季，游览稻城的最佳季节是 5～10 月。

亚丁
耸立着三座海拔 5000 米以上雪峰的保护区

亚丁自然保护区位于稻城县日瓦乡亚丁村，属于高山峡谷风景。亚丁，藏语意为"向阳之地"，是稻城的中心景区。1928 年，美国植物学家、探险家约瑟夫·洛克到达此地，回国后在《美国国家地理》杂志上撰文并刊登所摄照片，将亚丁介绍给了全世界。

亚丁的三座神山：仙乃日、央迈勇和夏诺多吉，统称"念青贡嘎日松贡布"，藏语意为"终年积雪不化的三座扩法神山圣地"。佛名"三怙主雪山"，在世界佛教二十四圣地中排名第十一位。三座雪山相距不远，各自拔地而起，呈"品"字形鼎立。北峰仙乃日海拔 6032 米，南峰央迈勇海拔 5958 米，东峰夏诺多吉海拔 5958 米。

据历史记载，公元8世纪，莲华生大师为贡嘎日松贡布开光，以佛教中观音、文殊、金刚手菩萨分别为3座雪峰命名加持。藏族信徒认为一生当中至少应该去一次贡嘎日松贡布转山朝圣。

交通提示 稻城到日瓦乡，可租车前往。如果想搭便车，需预留足够时间，花上一两天时间等车。秋天的游客比较多，可以找别人合租一辆车进日瓦，车程约3小时。也可在日瓦乡租马前往，（单程，含要支付马夫费）。冲古寺至洛绒牛场，为羊肠小道，只能骑马或走路。

门票 150元

住宿参考 亚丁村住宿较多，但离景区门口还有一段盘山路。龙同坝离景区比较近，但住宿条件则比较差些。冲古寺住宿为野营帐篷，每个帐篷可住10人左右，要在5月份以后才有帐篷。冬季只能住在当地老乡家或寺庙里，条件较差。

美食情报 在亚丁，可供游人吃饭的地方只有当地老乡家里，吃不惯酥油味的应当准备干粮。

冲古寺
冲古寺前的冲古草坪可以以很好的角度观赏到仙乃日和夏诺多吉

海拔3880米的冲古寺位于仙乃日雪峰脚下，建寺年代已无从考证。该寺院已被严重毁坏，目前只剩下一片残垣断壁。冲古寺既是观赏三座神山——仙乃日、央迈勇、夏诺多吉的必经地，也是当地藏族转山仪式的出发地。

在老寺庙旁建有一个二层房屋，有一个喇嘛负责管理过往旅客的入住（现在由于景区规定，很难再住进去）及保护周围生态环

亚丁景色

海螺沟红石

境。一楼为客房及喇嘛房间，二楼为经堂，游人不能上二楼。每日早上及下午喇嘛都要熏香念经。

友情提示 ❶此处为神山徒步线路中重要的宿营地，有大帐篷住宿点、厨房以及观景台等设施。❷在冲古寺对面的山上有一处古代僧侣闭关修行之处，建在悬崖峭壁之上，如果有兴趣，体力又好的话不妨沿小路上去探寻一番。

珍珠海　这里是拍仙乃日倒影的理想地点

　　珍珠海在藏语中称为"卓姆拉错"，是仙乃日的融雪形成的海子。密林中的珍珠海粼粼波光中透出无限清丽，湖畔四周森林翠绿如屏。春天湖边片片杜鹃灿烂怒放，秋天层林尽染、五彩斑斓。

交通提示 从冲古寺出发，大约半个小时即可到达珍珠海。

洛绒牛场　观看三座雪山的最佳地点

　　海拔4150米的洛绒牛场被三座雪峰所环绕，是附近村民放牧的高山牧场。贡嘎河从草场穿梭，林间溪流潺潺，成群的牛羊、青青的草地、纯净的湖水、别具一格的藏族村落，无处不美好。

友情提示 洛绒牛场也是通往牛奶海、五色海的必经之地（单边步行3.5小时左右）。另外小转神山仙乃日也要经过这里（由冲古寺出发，经洛绒牛场绕仙乃日转一圈，全程20公里）。

牛奶海　碧蓝的湖水、洁白的沙滩，景色如梦如幻

　　从洛绒牛场开始爬山，大约上升500米的高度，过了一丛经幡，翻上一个大草坪，就能看到蔚蓝的牛奶海静静地躺在央迈勇雪

峰的冰川之下。

牛奶海，藏语称"为热错"、"俄绒错"，古冰川湖，状如水滴，面积 0.5 公顷，四周雪山环绕，湖水清莹碧蓝。上方有大片的冰川，传说牛奶海是能治愈聋哑怪病的圣湖。

如果体力好，越过牛奶海继续攀升，到达央迈勇和仙乃日雪山之间的垭口。站在这

里回望三座神山，近在咫尺。雪山在云雾升腾，恍若在另外一个世界。

友情提示 洛绒牛场严禁骑马进入。所以要想看牛奶海需徒步进入。洛绒牛场至牛奶海徒步往返需要 5 小时。

五色海　这里也是看仙乃日的绝好地点

位于仙乃日与央迈勇之间，海拔 4600 米，在牛奶海的上方，翻上一片陡峭的山冈，再上升 100 多米，在山脊上就能俯瞰五色海了，湖面呈圆形。面积 0.7 公顷，水色变化无穷。五色海由于会在光的折射下，产生五种不同的颜色而得名。其藏名为"木底错"、"单增错"，是藏族聚居区著名的圣湖（佛经中赞誉该湖与西藏羊卓雍错齐名），据传能"返演历史，预测未来"，有很多宗教上的传说。

俄初山

海拔 5145 米，在藏语里的意思是"闪光的山"。这里的拉姆格林区是稻城最大的林区。此山山势平缓，山上的风云变幻莫测。当 10 月的初霜降临俄初山的山岭峰谷时，雪线以下的林涛树海正换上缤纷的秋装。在俄初山顶远眺贡嘎日松贡布雪峰，景色十分壮观。

时间 每年 10 ~ 11 月是这里的旅游黄金季节。

小贴士

转山会

每年农历四月初八，藏历四月十五日，藏族同胞相传这一天为释迦牟尼诞生的日子，在这月中宗教活动极为频繁，佛教信徒认为在此月内做善事一件，颂佛一声，可得十万倍之功德。因此由佛教信仰者带头邀约邻居亲朋，携嘛呢旗布、经幡，手拿佛珠口念佛经"转山"。其意源于藏传佛教的"转八角"，目的在于祈福免灾。转的形式是多样的，小转即在"洞料"内转、绕寺庙转等，大转即转一座山、一座城。转山后，藏族人民聚集在跑马山上，唱藏歌，演藏戏，跳锅庄，搭上帐篷，山坪上人山人海，上山小径人们川流不息非常热闹。

西岭雪山

成都休闲之旅

　　成都是天府之国的首府，休闲在这里有着悠久的传统：上天赋予了成都旱涝保收的天府之利，因为富足，所以悠闲。休闲在这里也有着天然的条件：成都钟灵毓秀，风光景点不胜枚举，有杜甫草堂、武侯祠、都江堰、青羊宫，有宽窄巷子、锦里古街和藏于闹市的文殊坊；周边更有九寨沟—黄龙、乐山—峨眉山、青城山—都江堰充满神秘的"三星堆"；你说你去哪？休闲在这里有着千变万化的身影：数不尽的茶馆和龙门阵，听不断的声声麻将，吃不够的珍馐美食，看不尽的如云美女。来这里你可以去都江堰，重拾李冰的足迹；可以到武侯祠瞻仰诸葛孔明的英容；可以到杜甫草堂触摸诗人的灵魂；还可以去青城山，感受"青城天下幽"。你说你怎么玩？

精选线路

成都市→郫县→大邑县→温江区→成都市

沿途推荐景区景点 锦里古街、琴台路、宽窄巷子、文殊坊、欢乐谷景区、三圣花乡、农科村、建川博物馆聚落、花水湾温泉度假旅游区、西岭雪山风景区、陈家桅杆

锦里古街

有"成都版清明上河图"之称

锦里兴于秦汉，两汉三国时期，"蜀锦"的生产作坊主要集中于此，被称为"锦官"，又叫"锦里"。唐宋时"锦里"成为成都的代称。

锦里

锦里不长，却浓缩了成都生活的精华：茶楼、客栈、酒楼、酒吧、戏台、风味小吃、工艺品、土特产，处处透着精致、处处透着川西文化的魅力。三国文化在这里得到了充分的体现，可爱的诸葛亮玩偶、印着《出师表》的手机袋……让人爱不释手。

在这里，你可以亲身体验川西古镇"赶场"的热闹场景：古戏台定期上演川戏的经典剧目；以特色小摊的方式举行民间艺人的展演（如糖画、捏泥人、剪纸、皮影、吹糖人等）；趣味十足的民间婚礼仪式，游人可参与其中，让锦里重现昔日川西古镇的生活原貌。

友情提示 来锦里最好是晚上，华灯初上时这里游人如织、熙熙攘攘。从街边的小吃摊买些当地特色的点心，边吃边游很是惬意。这里出售的特产和纪念品很多，价格较其他地方贵些，不过可以讨价还价。

琴台路

> 一条和司马相如与卓文君的爱情有关的老街，却也有着现代成都的浪漫

位于通惠门和锦里路之间。如今的琴台

路上青砖黛瓦，朱红色的柱子，大红灯笼，晃眼（成都方言，不经意一看的意思）还觉得是明清时期。《铜车马》、《龙心灯》和《凤求凰》的雕塑与地上的仿汉画像砖和那些挑檐一起透出古典的情怀。

琴台路当是成都最浪漫的一条街，汇集着美食、美酒和美女，甚至每一盏灯里都会映出美丽的故事。在琴台路上还有诸多特色的小铺子，锅盔、茶叶或者小饰物，一路流光溢彩。

🚗 **交通提示** 同仁路站以西 500 米便是琴台路北端，一座古典的高大牌楼便是琴台路的标志性建筑；或乘坐 35 路、109 路公交车在宝云庵站下车即到琴台路南端，南端的标志性建筑是六角形的散花楼。

宽窄巷子

在成都最美的历史街区享受美食，在成都最精致的传统建筑里享受夜生活

宽窄巷子是宽巷子和窄巷子的合称，北以支矶石街与宽巷子中间画线并纳入成都画院北墙为界，南以井巷子为界，东以长顺卜街与宽窄巷东街口为界，西以下同仁路与宽窄巷子西街口为界。

宽巷子代表了最成都、最市井的民间文化：原住民、龙堂客栈、精美的门头、梧桐树、街檐下的老茶馆……在巷子中，最值得一提的是老成都原真生活体验馆，它展示民国时期一户普通成都人家一天的生活场景，呈现了老成都的生活状态。在这里还可以看几十年前的老成都人摆龙门阵，看成都女孩绣蜀锦，晚上看皮影、看木偶戏、即兴写书法等。

窄巷子则以展示成都的院落文化为主。这种院落文化，宅中有园，园里有屋，屋中有院，院中有树，树上有天，天上有月。临街院落布满了各种西式餐饮、轻便餐饮、咖啡、艺术休闲等精致店面。

井巷子以酒吧、夜店、甜品店、婚场、特色零售为主题。小洋楼广场是井巷子中最具特色的建筑，法式小洋楼据说曾是一个大户人家的私邸，后来成为教堂。现在，这里变成了恋爱、婚庆的经典场地。

🚗 交通提示 乘4路到羊市街站，58路、81路公交车到金河路站下车。从琴台路步行15分钟左右就能到宽窄巷子。

文殊坊

藏于闹市的古寺

位于成都市中心人民中路旁，是成都中央休闲旅游区。是以佛禅文化、民俗文化为主题，以川西街院建筑为载体的，充分体现老成都人文历史精髓的都市文化休闲旅游胜地。文殊坊浸透着禅境、禅意和禅文化，位

居中国十大禅林之列。作为"文殊院街区"的复原蓝本，文殊坊汇集了九街十庙，是目前中国都市中心拥有数量最多的和最集中的禅院休闲区。在文殊院历史文化保护片区上的33公顷土地上，汇集了中国四大禅林之一的川西第一禅林文殊院，中国第一个比丘尼的爱道堂以及金沙庵、白云寺、五岳宫、照应祠、楞枷庵、弥勒庵、东岳庙、娘娘庙、等十座庙宇。其间有康熙皇帝曾为文殊院亲笔题词"空林"的佳话，也有玄奘佛骨残片之佛教瑰宝等文物荟萃。时至今日，文殊院历经千余年而庙貌如初。逶迤400余米的红墙，在浮华的现代生活里，实为罕见，更为都市净土一绝。

文殊坊以典型的川西民居建筑为纽带，以九街十庙的规模和"街、院、巷"的建筑空间格局，构成了400亩的川西建筑风情群落。青瓦白墙、雕花窗棂、飞檐斗拱勾勒出岁月风霜；脊檩彩绘、园林庭院、红木回廊彰显出历史的沉淀；而传统商业和传统建筑相互交融的文化，描摹出一幅浓郁的川西传统建筑风情画卷。

世人只知"深山藏古寺"，不知"古寺藏闹市"。繁华喧嚣的市井中，文殊院的绿树红墙、清静自然，带给成都民俗休闲生活最初的清宁祥和。

欢乐谷景区

中国西南最好的主题公园

成都欢乐谷，作为华侨城集团欢乐谷连锁品牌经营的第三个主题公园，将是西部地区规模最大、最具生态特色、最具时尚魅力

成都欢乐谷

的现代主题乐园，是成都最具魅力的都市旅游、都市文化活动和都市娱乐中心。成都欢乐谷项目体验惊险刺激，歌舞表演精彩绝伦。

三圣花乡

> 赏乡村四季鲜花，品农家特色餐饮，体验乡村民俗风情

三圣乡（现三圣街办）因该地建有三圣庙而得名。三圣庙建于清代，供奉炎帝神农氏、黄帝轩辕氏、黄帝的史官仓颉，后又改为供奉三国英杰刘备、关羽、张飞。

三圣乡种花的历史悠久，是蜀中茉莉花的故乡。据说早在清代乾隆元年（1736）的一位姓王的秀才即开始种茉莉花，至今已传至八代。目前，全乡耕地1.24万亩，花卉种植面积1万余亩，曾获得"中国花木之乡"和"全国十大重点花卉批发市场"的美誉。

三圣花乡景区分为"花乡农居"创意村、"幸福梅林"民俗村、"江家菜地"雕塑村、"东篱菊园"摄影村、"荷塘月色"漂流画家村五个主题景点，又称"五朵金花"。是成都人周末度假的首选地之一。很多年轻人也会选择在这里拍婚纱照。

🚗 **交通提示** 从成都市区乘 38路、56路公交车可直达。

农科村

> 鲜花盛开的村庄，没有围墙的公园

距成都市区 28 公里，离县城 8.5 公里，耕地面积 280 亩，农户 80 户，人口 278 人。

全村花卉面积数百亩，农家旅游接待户百余户，品种以金弹子、银杏、桂花、海棠、榕树为主，已成为成都市花卉供应基地，产品远销国内各地和东南亚地区。

农科村附近还有"子云亭"名胜。唐代诗人刘禹锡在《陋室铭》中"南阳诸葛庐，西蜀子云亭"，所述"子云"即指西汉一代大儒扬雄，"子云亭"即位于友爱镇子云村。这里是扬雄先生的故里，在现今的子云村尚有"扬雄墓"，又称"子云坟"。

建川博物馆聚落

> 除了震撼就是钦佩

建川博物馆聚落与老街、老公馆群街坊构成的古镇旅游区，刘文彩和刘文辉公馆田

建川博物馆聚落—红色年代章钟印馆

花水湾温泉

园风光区形成了安仁古镇的三大旅游板块。安仁古镇是融艺术博览、藏品展示、收藏拍卖、影视拍摄、旅游休闲、教育研究为一体的中国百年文博旅游及乡村休闲度假旅游地。

花水湾温泉度假旅游区
热情洋溢的花水湾

位于成都大邑县西岭雪山脚下，四面环山，遍山碧绿，景色秀美，冬暖夏凉，气候宜人。花水湾温泉形成于远古四川盆地海陆变迁时期，发掘于地下 2800 多米处，水温高达 68℃，富含硫黄、碘、锂、偏硼酸及氯化钠（古海水）等珍稀矿物质，有极高的医疗保健价值。花水湾温泉旅游区已建成为集旅游、观光、康疗、度假、休闲、商贸、会务、探险、娱乐于一体的温泉旅游区。

西岭雪山风景区
四川境内四季皆能旅游的景区之一，中国目前规模最大的高山滑雪场

山顶终年积雪，千年不化。因杜甫隐居草堂时写下的名句"窗含西岭千秋雪，门泊东吴万里船"而得名。分为前山和后山两个游览区，两区相通。前山以自然风光为主，集雪山林海、险峰怪石、奇花异树、急流飞瀑以及众多的野生动植物等景观于一身。主要景点有红石尖、红石堡、野牛道、日月坪、阴阳界等。

日月坪是西岭雪山海拔较高的观景地，也是领略西岭之韵的最好地方。春秋两季，在山下还是阴雨绵绵的时候，这里往往晴空万里，可以观赏到云海、佛光等自然景观。从日月坪到阴阳界需要步行约 1 小时。阴阳界所处的位置，正好是两种截然不同气候的分水岭。一边是晴空万里，一边是云蒸雾蔚。因为山峰西部是青藏高原气候，寒冷干燥，东部为盆地气候，温暖湿润，两种不同的气流在白沙岗上相通，形成了奇特的气象。目前前山只将景区开发至阴阳界所在的位置，再往后就人迹罕见了。

后山景区位于西岭雪山的东大门，海拔 2100 ~ 2800 米，因地势坐北朝南，多雪，阳光和煦，年积雪期达四个月之久（12月初 ~ 次年 3 月底），冬季平均气温 −2℃。这样的高山滑雪场在中国独此一家。滑雪场日月坪的 2 号索道是中国目前最长的高山索道，全长 2500 米，落差 1000 米，全程乘坐需要 40 分钟。

🚗 **交通提示** 位于大邑县城西 50 公里处。成都新南门汽车站有直达景区的班车。城北客运中心、青羊宫、金沙车站等处每日均有数十班车前往大邑，成都到大邑不到 1 小时，大邑车站每天有数班车前往西岭雪山。

💴 **门票** 平时为 120 元；春节等节日价格为 160 元。上山交通费：60 元（往返）。观景索道：单程 50 元，往返 80 元。

🛏 **住宿参考** 前后山都有住宿、餐饮接待的地方。景区内的千秋山庄是前山较好的住宿地，标准间 280 元 / 间。山路上有很多农家乐旅店。景区 1 号缆车站附近的山地独家酒店是目前西岭雪山接待条件最好的一家星级酒店。花水湾温泉度假区不仅住宿条件好，而且有成都地区少有的温泉浴。

小贴士 *Tips*

司马相如与卓文君的《凤求凰》

司马相如是汉朝的才子，因在汉景帝前不得志，便称病辞官回到四川老家。有次去当地富豪卓王孙家做客，其女儿卓文君因久仰司马相如的文采，在屏风后窥视。司马相如被屏风后的倩影深深吸引，弹奏了一曲《凤求凰》以表达爱慕，而卓文君也连夜与司马相如私奔。当时，司马相如是个一贫如洗的穷书生，卓家认为女儿与人私奔败坏了门风而不给他们任何经济援助。两人只好回到司马相如的老家临邛开了家小酒铺，以卖酒度日。

后来，汉武帝即位，司马相如受皇帝赏识，拜官加爵，有了要纳茂陵女子为妾的想法。于是给卓文君写了一封只有 13 个数字的家书："一、二、三、四、五、六、七、八、九、十、百、千、万。"卓文君一看便明白丈夫的意思：数字中缺"亿"，即表示丈夫对她已无情"意"，便回了一封后世流传的楚调曲《白头吟》：

皑如山上雪，皎若云间月。
闻君有两意，故来相决绝。
今日斗酒会，明旦沟水头。
躞蹀御沟上，沟水东西流。
凄凄复凄凄，嫁娶不须啼。
愿得一心人，白头不相离。
竹竿何袅袅，鱼尾何徙徙。
男儿重意气，何用钱刀为？

以及一首《数字诗》："一别之后，两地相思，说的是三四月，却谁知是五六年。七弦琴无心弹，八行书无可传，九连环从中折断，十里长亭望眼欲穿。百般怨，千般念，万般无奈把郎怨。万语千言道不尽，百无聊赖十凭栏。重九登高看孤雁，八月中秋月圆人不圆。七月半烧香秉烛问苍天，六月伏天人摇扇我心寒，五月榴花如火偏遇阵阵冷雨浇花端，四月枇杷黄，我欲对镜心意乱，三月桃花随流水，二月风筝线儿断。噫！郎呀郎，巴不得下一世你为女来我为男。"

据说司马相如看到这首用数字连成的诗之后，越看越觉愧对妻子，于是赶回故乡，把卓文君接来长安一起生活，最终长相厮守，白头偕老，成为一段千古佳话。

四川好玩

西岭雪山滑雪

美食情报 当地最有特色的餐饮就是冷水鱼农家乐，可以品尝到新鲜的三文鱼。另外，野蕨菜、竹笋等土特产在农家乐里也可以吃到。

陈家桅杆
弥足珍贵的清代大宅门

　　位于成都市温江县寿安乡天鹅村，系清代咸丰年间翰林陈宗典及其子武举陈登俊营建，始建于清同治三年（1864），经八年竣工，是一座集住宅、宗祠、园林于一体的综合性庭院式建筑群。整个建筑大小12院，组合精巧紧凑，布局大方合理，具有清代特色，院内建筑为穿斗木结构，门前原竖立双斗桅杆，故俗称为"陈家桅杆"。院前照壁横陈，八字粉墙分列两旁，墙上镌有浮雕石刻，镂空的福寿二字和蝙蝠图案工艺精湛，黑漆拱券重檐大龙门，檐上花鸟彩绘，光彩夺目。

川西坝子

光雾山红叶

红叶之旅

　　成都平原四周环绕高山，每年秋冬相交之季，各个方向几乎都有红叶观赏地，红叶之旅，得天独厚，经典线路达6条之多。君不见，峨眉山，万亩红叶"枫"光好，西岭雪山，满山红叶似彩霞；亚丁稻城，草甸红叶绝世美；更有那米亚罗，林海浩瀚，"枫"情万种。世人都知，北京香山红叶壮观，谁人可晓，米亚罗风景区竟然是香山的180倍。天高云淡，金风送爽，红叶漫山，层林尽染，加之连绵起伏的白云，晶莹剔透的秋水，共同涂抹出天府深秋绚烂多彩的画卷。

精选线路

成都市→巴中市→成都市

沿途推荐景区景点　光雾山风景区、诺水河风景区

光雾山风景区

叠瀑与红叶共鸣

地处川陕交界的米仓山南麓，位于巴中市南江县境内，距南江县城72公里，东与通江诺水河景区相连，西与广元毗邻，面积680平方公里，光雾山因常年被雾气所笼罩，而"光雾山"的地方语就是"都是雾，全是雾"的意思，所以得名光雾山。光雾山的雾有多大呢？有这样一首歌对她进行了形象的描述：哥在山中抓把雾，轻轻捏出数滴水；妹在山中唱支歌，甜得满山细雨飞。光雾山风景区由桃园、米仓山森林公园、十八月潭、神门洞和巫峡五大片区组成，共有500多个景点。

由2亿年前地层裂变陷落后形成的光雾山集秀峰怪石、峭壁幽谷、溪流瀑潭、田园山林于一身。景区内有龙架山、燕子岩、焦家河、米仓古道、万字格、十八月潭、大坝林海、普陀山、"三春寨"遗址、断渠遗址、古琉璃关遗址、汉张鲁屯兵"汉王台"、诸葛亮秣马"牟阳故城"、张飞扎营"落旗山"、韩信夜走"韩溪河"、萧何月下追韩信的"截贤岭"、"韩山"等大小景点360余处。早在20世纪70年代末80年代初，这里还发现了原始人的砺石场及人的股骨化石，出土了大批新石器时代的文物。除此之外，光雾山的红叶在这几年里也是声名远播。

👁 **精彩看点** 小巫峡，是光雾山风景名胜之一。景区峡谷幽深，天开一线，山峰奇特，峭壁如画，怪石嶙峋，云海茫茫，秀水纵横，溶洞密布。

199

十八月潭，在仅3.5公里长的珍珠沟内密布着18个恍若神造仙成的瀑布，每一个潭有一相应的瀑布，谓之"十八月潭"。步入十八月潭，如在画中游，让你陶醉得驻足不前，"疑是仙境非人间，沉醉花丛不思返"。

太极天坑，几十亿年溶蚀而成天坑奇观，由几组半环形山脊与河谷组成，空中俯视，酷似太极图。西南方向斧削一样的千佛岩上，有很多佛影依稀可见；河的南岸，经书倚迭，旁有"大圣护经"；其右，山姿奇异，宛如"悟空拜佛"。

好耍好玩 米亚罗是最好的红叶摄影创作基地，如果是摄影爱好者，那将是你一生中一定要去的地方。

诺水河风景区
一处以溶洞景观为特色的景区

位于巴中市通江县北部，流经县城的小通江河上游，诺水河景区主要分为诺水洞天、临江丽峡、空山天盆三部分，以诺水洞天和临江丽峡的景色最美。

交通提示 巴中有班车直达诺水河溶洞景区。

门票 中峰洞80元，楼房洞40元，狮子洞50元，龙湖洞60元。

诺水洞天 百余个溶洞给人以仙境般的感觉

集中在楼子、新潮两乡前后15公里的诺

水河谷地带，东西长35公里，南北宽18公里，海拔500～2088.6米，紧临陕西汉中，东有"秦川锁钥"护持，西与"剑门蜀道"相连。河谷两侧山峰陡峭如削，沿河两岸山山有洞，洞洞毗邻，洞中有洞，共计123个，其中可游面积在2万平方米以上的有中峰洞、楼房洞、狮子洞、龙湖洞、仙人洞、宋家洞等40余个，它们或临清溪，或处绝壁，各洞景致又各不相同，实是变化多端，妙趣无穷。

中峰洞是景区内最大的一个溶洞，有旱洞、水洞、风洞3类，原名佛光洞，位于新潮乡西北，藏身于鸳鸯坪山腰，因洞内显影佛光而得名。此洞全长1.5万余米，可游面积60万平方米，中峰洞分上、中、下三层。狮子洞因洞顶有一形似雄狮屹立的巨石而得名。主洞纵深2000余米，高30～80米，由三殿七厅和"洞中西海"、"洞中栈道"等十二大景观组成。洞内有顶天立地的"玉柱"，浑然天成的"罗汉堂"、"观音殿"，雄伟壮观的"宝塔"，悬挂空中闪着光的"宫灯"，还有盛开的"莲花"等，石笋、石花、石人、石牛、石林、石幔、石马等更是数不胜数，应有尽有，步入其间，让人恍若身在神话仙境。

临江丽峡 堪称瀑布的世界

位于诺水洞天的东部，主要分布在临江乡、诺水镇、空山乡一带，面积约120平方公里，是连接诺水洞天和空山天盆的走廊。临江丽峡整体呈树枝状，主峡长5公里，宽5～25米，两岸山峰海拔1400～1500米。

蜀南竹海景区

川南修学之旅

　　川南地辖五市，宜宾、内江、自贡、泸州、乐山；川南有六绝，自贡的千年盐都、恐龙之乡、南国灯城，宜宾的蜀南竹海、兴文石海、僰人悬棺；川南拥有地球同纬度保持最完好的亚热带常绿阔叶原始森林，是长江上游保护的核心地带；川南出产世界上名贵的白酒——五粮液、泸州老窖；川南是苗族的主要聚居地，有一批保存完好的明清古镇，那号称"万里长江第一古镇"的"李庄"就静静地坐落于此。李庄文物古迹众多，号称"九宫十八庙"；李庄人文景观荟萃，尤其在抗战期间，十余所中国顶级的大学、研究院落户于此，数十名世界级大师如梁思成、林徽因、傅斯年、童第周等云集于此，著书立说，开坛授课，一时间，李庄成了"中国文化的折射点、民族精神的涵养地"。这就是川南，谜一样的川南。

精选线路

成都市→内江市→自贡市→宜宾市→成都市

沿途推荐景区景点 张大千博物馆、自贡恐龙博物馆、蜀南竹海景区、兴文石海风景区

张大千博物馆

内江地标式的建筑

张大千博物馆位于内江东桐路圆顶山，由上海世博会西班牙馆设计师打造，规划建筑面积 2160 平方米，含 5 个展厅及一个报告厅、多媒体信息区、休闲平台。由两家热心故乡建设的企业——川威集团和卓越置业分别捐助 2000 万至 3000 万元不等进行建设，将于 2012 年 6 月竣工。张大千博物馆建筑风格体现了"中西文化融合"的理念，整体形态以张大千山石、仕女画为原型，平面布置则以毕加索所作"张大千肖像"为基准。张大千博物馆远看像西班牙牧童的"变形脸庞"，走近是代表中国文化符号的"葫芦形"展厅；而外壳"脊梁"则似张大千飘逸的胡须，形成了一道道"飞天"一样的彩带。其建筑风格"中西合璧"，在 2012 年竣工建成后，将成为展现内江文化艺术精粹的"标杆"。

自贡恐龙博物馆

世界三大恐龙博物馆之一

位于距自贡市中心 11 公里的大山铺，国内建于发掘现场的唯一一座以恐龙化石为主的自然科学博物馆。自 1915 年自贡首次发现恐龙化石以来，自贡出土大规模恐龙化石群达 40 余处，以蜥脚龙、剑龙、兽脚龙、翼龙等为主，骨骼化石大多仍保存完好，因而被称为"恐龙之乡"。

恐龙博物馆共 8 个展厅，其装修和展品布置让人置身于 1 亿多年前的原始神秘气氛中。1979 年自贡大山铺发现恐龙群窟，经过整理，共有 200 多个个体，其中较完整的骨架 18 具。众多的恐龙共处一窟，引起世人注目。自贡市随后在发掘现场建起这座造型奇特的博物馆。

中央大厅的地面留有一块发掘现场，里面是挤压成一团的恐龙化石。专家们认定，这是恐龙灭绝时的情景。后厅是面积为 1700

恐龙博物馆

蜀南竹海

平方米的发掘现场。馆内陈列的恐龙骨主要有"李氏恐龙"、"多齿盐都龙"、"天府峨眉龙"等，还有长达 20 米的草食性蜥脚龙，身躯短小、长仅 1.4 米的鸟脚龙，以及目前世界上发现时代最早、保存完整的剑龙。

《美国国家地理》杂志曾称"自贡恐龙博物馆是世界上最好的恐龙博物馆"。

🚗 **交通提示** 在内江至宜宾的高速公路的约 40 公里处下高速公路 2 公里就到，成都汽车站、城北客运中心每天均有数班至数十班长途汽车开往自贡，自贡到附近的重庆、泸州、宜宾、内江等地有干线公路相通，大客、中巴往来穿梭，交通十分方便。

💴 **门票** 40 元，讲解费 60 元。

🎋 蜀南竹海景区
中国最壮观的竹林

位于四川长宁、江安两县毗连的南部连天山余脉中，面积 120 平方公里，又被称作万岭箐。相传北宋著名诗人黄庭坚来此游玩，当登上顶峰时，面对广阔无际的竹海，脱口而出："壮哉，竹波万里，峨眉姐妹耳！"并在黄伞石壁上写下"万岭箐"，因而得名。

中心景区有 7 万余亩楠竹，覆盖了周围大大小小 28 座岭峦，500 多个山丘，绵延起伏，逶迤苍莽，与恐龙、石林、悬棺并称"川南四绝"。除仙寓洞、龙吟寺外，还有忘忧谷、观云亭、翡翠长廊等景点，并称为"竹海十景"。每到夏季更是避暑消夏的好地方。

🚗 **交通提示** 成、渝两地均可乘车经成渝高速、内宜高速到达宜宾或乘坐火车到达宜宾。宜宾到竹海，市区南客站每小时就有一班直达竹海的客车。成都新南门客运站每日有班车直达竹海景区。

💴 **门票** 旺季票价为 110 元／人次（邮资明信片门票价格为 112 元／人次）每年 1～11 月；淡季票价为 60 元／人次（邮资明信片门票价格为 62 元／人次）每年 12 月。

🍴 **美食情报** 景区内有的饭店以竹为原料做菜，最著名的是"全竹席"，最珍贵的是竹中珍品：竹荪。如果 8～10 个人拼一桌，每个人花费几十元。

👁 **精彩看点** 蜀南竹海的翡翠长廊，如同翠竹织起的绿色隧道。红沙石铺就的走道在晨露的滋润下更加殷红，两旁密集的老竹新篁拱列，遮天蔽日。

蜀南竹海的仙女湖，湖水清澈碧绿。晨曦初升，夕阳西下，万道霞光中，仙女湖犹如一个金色的湖盆，壮丽辉煌。晨雾烟雨中，绿的山、翠的竹，又构成了一幅幅美丽的水彩画卷。

兴文石海风景区

　　兴文石海的漏斗（亦称天坑），是喀斯特地貌的奇特地质现象，坑口直径650米，深208米，天坑绝壁环绕，险峰林立，斗口岩鹰旋翔，斗底竹木森森。

　　兴文石海苗寨晚上的篝火晚会上，芦笙悦耳，山歌绕梁，加上进门的三碗酒，整个人都飘飘然了。

泸沽湖恋歌

　　泸沽湖四周青山环抱，湖水碧透，植被茂盛，景色迷人，被誉为"蓬莱仙境"。在这一片美丽而又神奇的土地上，处处充满着原始和古朴，弥漫着浪漫和神秘。当全人类普遍实行一夫一妻制的今天，在泸沽湖畔的摩梭人却仍然保留着古代早期对偶婚特点的"阿夏"婚姻形态。"男不婚、女不嫁，结合自愿、离散自由"，让摩梭人生活得真实而快乐；令文明人惭愧而美慕。在这里，每个礼仪，每种风俗，都是一个个优美动人的故事，一支支悠扬动听的牧歌，无不充满几分神秘，几分浪漫，几分诗情，几分画意，从而给人以遐想与思考。

精选线路

成都市→西昌市→盐源县→成都市

沿途推荐景区景点 凉山彝族奴隶社会博物馆、公母山风景区、泸沽湖风景区

凉山彝族奴隶社会博物馆

我国第一个民族博物馆，也是世界上唯一反映奴隶社会形态的专题博物馆

位于泸山风景区中部，建筑面积 5000 平方米，是一座背依青山、面临邛海，具有彝族古典风格的建筑。

博物馆于 1985 年 8 月 4 日建成开放，分为民族历史、社会生产力、等级和阶级、家支习惯法、民族的婚姻家庭、宗教信仰、文学艺术、风俗习惯、奴隶和劳动群众反抗奴隶制的斗争 9 个部分，用实物和资料全面展示了凉山彝族奴隶社会的原貌，反映了彝族的传统文化和民俗风情。博物馆现馆藏文物 3600 余件，主要为彝族文物，其中一级文物 40 件。

公母山风景区

既是儒、佛、道三教合一的圣地，又是当地人生殖器崇拜的灵地

位于盐源县城西南 5 公里处的柏林山北麓，海拔 2530 米，占地面积 3 平方公里，古称莲理山、莲花山，因其外貌酷似两具男女生殖器而得名。两山相距约百米，均为红褐色，属丹霞地貌。公山高约 40 米，如破土春笋，阳刚挺拔，昂然直刺天穹；母山高约 100 米，峰顶略呈圆形，中有天然裂缝到底部，形成一圆洞，可容一人悠然穿过，上余一线天光。

交通提示 西昌到盐源的路程约 3 小时，车票 32 元，从早上到午后都有车发往盐源县城。盐源到公母山景区可租三轮车，也可乘出租车，车费 15 元左右。

美食情报 这里有特色的菌类和土鸡。

泸沽湖风景区

有人说，泸沽湖最美的景色在四川境内

位于盐源县西南，川、滇两省交界处，距县城约 170 公里，海拔 2700 米。湖面面积 58 平方公里的泸沽湖与云南省共有，其中位于四川境内有 33 平方公里。整湖长 955 公里，宽 6 公里，平均水深 40 米，最深处达 73 米，属横断山脉中段的大型高原淡水湖泊。

泸沽湖区生态环境良好，湖周群山环抱，湖水清澈透明，湖面似一弯新月，恬静秀丽。当地群众敬奉的神山——狮子山耸立在湖边，雄伟壮丽，山上分布着茂密的原始森林。由于景区地广人稀，交通闭塞，整个景区保持了原始的、粗犷的格调，是藏在深山里的一颗旅游资源明珠。泸沽湖地区居住着蒙古、藏、彝、普米、纳西、白等少数民族，民风民俗多样，尤以土著摩梭人至今保存着母系家庭和"走婚"习俗最为独特。

泸沽湖沿岸都有村庄，也可以解决住宿餐饮。常规旅行集中在西岸和北岸，这一带也是摩梭人聚居的地方。泸沽湖中共有 5 个小岛，黑瓦俄、里务比岛位于西侧湖心，可以从西岸落水或西北岸的里格划船登岛；里色岛比前两个都小，位于西北侧湖边，靠近里格村、小落水村；大嘴岛靠近北岸，从大嘴村可划船登岛。

欣赏泸沽湖的水有两个好地方，一个是在泸沽湖的观景台；另一个就是在四川地界的小落水村和大嘴村，这里是体验濒海临风感觉的最好地点。

小落水很小，房子不是很好，也不临湖。因为是杨二车娜姆的家，所以出名。在小落水的一个小山腰上，是杨二车娜姆建的博物馆，住宿很贵。

小落水过去一点有个竖着的牌坊，那里就是云南和四川的分界点。小落水和大嘴中间的泸源崖是整个泸沽湖水源的来源地。

大嘴村已经归四川管辖，村落很大，纳西人居多。湖上是美丽的大嘴岛，晨雾中的大嘴村是她最美的时候。大嘴岛附近可以停

泸沽湖

车拍照。泸沽湖镇不沿湖，没有景点，可以坐车直接经过。

草海在四川境内，是泸沽湖的出水口，天然形成一片巨大的湿地，生长着大片的芦苇。草海上有一长长的木桥，连接两岸，又叫走婚桥。草海四五月份的时候最漂亮。草海上可以划船（10元），和泸沽湖划船是另一种风格和滋味。从停车场沿小路步行至走婚桥大约1公里。女神湾是正对格姆女神山的一个湖湾，是整个环湖景点中最经典、景色最好的地方。女神湾非常漂亮，居住的人很少，很安静，湖光山色，尽揽在怀，绝对是拍照摄影的最佳地点。

🚗 **交通提示** 泸沽湖位于四川和云南交界处，所以从云南丽江、四川攀枝花和西昌三个方向都可以抵达。游客可从成都乘飞机或火车，先抵达西昌。当日即可从西昌乘车直达泸沽湖。西昌客运中心每日有班车直达泸沽湖。

绵延的沙岸，三两猪槽船随意地拢在一起，为这海天一色的单纯描上生动的一笔。

格姆女神山是泸沽湖边最高的山峰。登上峰顶，才能了解泸沽湖全貌。

女神湾，算不上辽阔，不过却十分优雅。金色的湖岸，扭出深深的曲线，几棵姿态挺拔的大树站在湖边，端庄中不失温存，宁静中又见妩媚。

安娜俄岛，泸沽湖上一个很小的岛屿。岛上林木葱茏，怪石林立，是欣赏湖景的好地方。

好耍好玩 长达300余米的"走婚桥"，横跨草海，连接两岸村落，是"走婚"情侣们便捷的鹊桥。摩梭人"转山"的古道，是一条观赏泸沽湖景色的最佳徒步线路。

格萨部落是摩梭部落最古老的村寨之一。保留完好的古老的民居和原汁原味的摩梭民俗，是体验摩梭风情的最佳去处。

每天清晨，上千只水鸟从鸭子坝口向泸沽湖，黄昏时又经此到小草海栖宿，通过坝口时场面十分壮观。

友情提示 每年农历七月二十五是摩梭人格姆女神庆典的盛大节日。

小贴士 *Tips*

在摩梭人家做客时应注意：

❶ 不能当着他们的家人特别是老人的面说一切关于性的话题。

❷ 在火塘边时不能从别人前面走过。

❸ 不能用脚踏在锅庄上。

❹ 不能跨过火塘或在火塘前脱鞋。

❺ 不能向火塘吐口水。

❻ 吃饭时不能背对火塘。

❼ 不能脚踏门槛说话，不能说脏话粗话。

摩梭人的节日较多，其中，每年农历七月二十五日（阳历9月中旬），人们都要举行一次盛大的祭祀活动，叫转山节。转山转海是摩梭人祭祀山神和水神的重要方式，是摩梭人的盛会和节日。

门票 80元；游船至王妃岛25元；游船至里务比岛40元。

住宿参考 ❶ 湖畔青年客栈：泸沽湖草海五指落，窗外就是美丽的草海。❷ 土司山庄：这里靠近湖边里久观景台和赵家湾景区，环境清幽，硬件设施是泸沽湖镇上最好的，建筑风格独特，服务员全是摩梭人，镇上免费接送。

精彩看点 草海，15000亩的湿地，芦苇茂密，水道纵横，渔船掠影，鸥鹭惊飞，忽有摩梭姑娘渔歌从草海深处传来，曲调悠扬如天籁之音穿透灵魂。

四夸湖湾，这里视野开阔，清澈的湖水温柔地轻抚

泸沽湖走婚桥

四川地方特色美食

四川人好吃、会吃、能吃、敢吃，因而，四川美食不仅种类繁多，而且物美价廉，深受国人喜爱，享誉五湖四海。四川美食包括，正宗川菜、四川火锅、四川小吃。正宗川菜，属中国四大菜系之一，以"一菜一格，百菜百味"的鲜明个性著称于世，深受食客青睐。川菜的主要特色是麻辣，常有的家常味型有鱼香味型、怪味型、麻辣味型等20多种，花色品种4000种以上，因而又有"食在中国，味在四川"之美誉。四川火锅吃法上讲究涮、煮、蘸3种，取材广泛，别有风味。四川小吃更是达2000多种，味道变化无穷，遍布于大街小巷，香飘海内外。

精选美食

推荐美食 经典川菜：回锅肉、麻婆豆腐、宫保鸡丁、水煮肉片、水煮鱼、夫妻肺片、白果炖鸡、青城山老腊肉、川式火锅

知名小吃 成都钟水饺、赖汤圆、龙抄手、担担面、韩包子、甜水面、三大炮、三合泥、龙泉驿伤心凉粉；崇州冻糕、叶儿粑、豆腐圆子；双流白家肥肠粉、老妈兔头；邛崃"猫猫鱼"

小吃是成都美食不可缺少的一部分，与川菜齐名。成都小吃品种繁多：各色小面到抄手包饺、糕团汤圆到筵席细点、凉拌冷食到热饮羹汤、锅煎油烙到蒸煮烘烤，堪称花色品种琳琅满目，甜咸酸辣各味俱全。成都小吃之有名，在于口味之丰富，这是其他地方小吃所不能比拟的，常有的口味为香甜、咸甜、椒麻、红油、怪味、麻辣、咸鲜、糖醋、芥末、蒜泥等十余种，而每一种口味针对不同的品种又各有不同的食用方法和变化。

龙抄手

因皮薄馅嫩，口感爽滑鲜香，汤浓色白，成为蓉城小吃的"龙头老大"。龙抄手用料选的是精制猪腿肉及新鲜鸡蛋，并佐以肉汤、胡椒面、味精、姜、香油、川盐，是蓉城小吃的佼佼者。

赖汤圆

是成都最负盛名的小吃，迄今为止已有百年历史。赖汤圆有著名的"六不"：煮时不烂皮、不露馅、不浑汤，吃时不粘筷、不粘牙、不腻口。赖汤圆滋润香甜，爽滑软糯，食用时随上白糖、麻酱小碟，供蘸食用，更是满口喷香。

钟水饺

与北方水饺的主要区别是全用猪肉馅，不加其他鲜菜，上桌时淋上特制的红油，微甜带咸，兼有辛辣，风味独特。

三大炮

其糯米是口感爽滑的软糯，从制作糍粑到分成坨状会发出三响，再弹入装有黄豆面的簸箕内，使每坨都均匀地裹上黄豆面，再淋上熬好的红糖汁，撒上芝麻面便可以品尝香甜可口的三大炮了。

夫妻肺片

相传有夫妻俩推着小车沿街叫卖凉拌牛

肉片，因调制得法，味道鲜美，被赞誉为"车行半边路，肉香一条街"。夫妻肺片的用料里边没有肺，而是牛肉、牛舌、牛心和牛头皮，切成很薄的片杂烩在一起，人们称之为"烩片"。据说是好事的学生用硬纸板写个招牌挂在车上，把"烩"字写成了"肺"字，因此"夫妻肺片"就慢慢出名了。

担担面

面条细薄，以手工擀制成细韭菜叶状，臊子肉质香酥。面条煮熟后，佐以葱花、芽菜、猪油，加少量汤汁，鲜美爽口，辣不重而微酸，再有豌豆的清香，实在让人食欲大增。

樟茶鸭

选用秋季上市的肥嫩公鸭，经腌、熏、蒸、炸四道工序，又名"四制樟茶鸭"，以茶熏鸭是此菜的一大特色，成菜色泽金红，外酥里嫩，带有樟木和茶叶的特殊香味。

叶儿粑

大多是小贩用自行车驮了蒸锅在街上卖的一种小吃，是糯米粉包了各种馅做成的。叶儿粑色泽清新，口感细嫩，荷香味浓，甘甜爽口，菜分两味，咸甜皆宜。桉树叶子留在"叶儿粑"上的味道使得这道小吃有一种特殊的清香味儿。

酸辣豆花

用酱油、醋、辣椒面、味精调成味汁，放入事先熬烫的豆花，撒上芽菜末、油酥黄豆、大头菜末和葱花即成。酸辣豆花口味酸辣咸鲜，豆花细嫩，配料酥香，味浓滚烫，别有风味。

蛋烘糕

相传清道光年间，成都文庙街石室收院旁一位姓师的老汉从小孩办"姑姑筵"中得到启发，遂用鸡蛋、发酵过的面粉加适量红糖调匀，在平底锅上烘煎而成。因吃起来酥嫩爽口，口感特别好，遂成名小吃。

华兴街煎蛋面

天府面点中之上品。番茄的酸甜味自然流露，面汤暖心，面条爽滑且柔软。

老妈蹄花

汤白肉烂，加在里面的雪豆，炖得开花开朵，香浓的汤汁里，撒上葱花，再加上自己做的家常剁椒豆瓣做蘸水碟子，口味不输大餐。常食可强身健体，滋补养颜。

酥皮鸡饺

色泽金黄，形态美观，皮料酥香，馅鲜味美。

阿坝

　　阿坝藏族羌族自治州是藏族和羌族聚居的地方。藏羌人民热情豪放，这种性格也浓郁地体现在他们的饮食文化中。

　　当地特色餐饮主要为牛羊肉，但藏族和羌族的做法稍有不同：藏族以熏烤肉为主，辅之以青稞酒、酥油茶、酸奶等饮品；羌族喜食酸辣口味的肉菜和动物内脏。另外当地汉族人以川菜为主。

凉拌核桃花	将核桃花稍煮后，加酱油、醋、盐、葱花、味精凉拌。凉拌核桃花油黑发亮，是补脑食品。
搅团	将玉米面搅成团，煮熟，成糨糊状，也可将玉米面捏成汤圆状，或用筷子夹成鸡头状，再入锅煮熟。蘸海椒水食用，也可将适量搅团舀入酸菜汤食用。
荞面面块	荞面擀成薄面饼，切成小块，入酸菜洋芋汤，煮熟后食用。
咂酒——青稞酒	是一种只有藏族和羌族才有的独特酒类。

绵阳

　　绵阳的主要菜系自然是川菜，但是绵阳小吃非常有特色，种类多、味道好而且价格便宜。出名的小吃有：梓潼酥饼、梓潼片粉、菜豆花、席凉粉、罐罐汤、锅盔等。

剑门

　　"不吃剑门豆腐，枉游天下雄关"，剑门豆腐的美名在川菜中一直被人称道，现制作工艺烹调技术得到更好的发展，可以做全席豆腐宴，有名的豆腐菜品有：炸拌豆腐、豆腐三丝、蒜泥白豆腐、什锦豆腐、葵花豆腐、雪花豆腐、麻婆豆腐、沙锅豆腐、"白牛"滚水、麻辣豆腐、烂肉豆腐等。在剑门场就有130家经营豆腐的餐厅饭馆。姜维豆腐山庄的豆腐宴不错。

　　剑门关一带的特色食品与特色旅游产品不错，有名的小吃和地方特产有火烧馍、剑门豆花稀饭、马和尚豆腐干、腊肉和火腿，特色工艺品有剑门根雕和手杖。

遂宁

　　这里的美食极有乡土气息，有名的有"五味和"白菜豆腐乳、川北凉粉、蓬溪夹缸醋、蓬溪姜糕、蓬溪熨斗糕、射洪县五香果汁牛肉等为当地人所喜爱。

　　大英县新城区滨江路好吃街是有名的小吃一条街，还有朝阳广场上有众多的小吃串串香，既经济又实惠；另外还有位于大英县旧城区同乐街（水产综合大楼）的老妈火锅，120～360元/桌。以及位于蓬乐街的大排档，这里的红烧肉8元/份，豆花肉片10元/份，蚕丝杂烩5元/份，冬菜肘子6元/份，火锅肥肠鱼15元/份。

巴中

　　市区的饮食业极为发达，值得一品的是枣林鱼和南江黄羊，这两样美食在巴中市区也极有名，城内有很多家，如果有时间可以到原产地去品味，枣林鱼在距巴中市区不远的枣林镇上，南江黄羊则在南江县城。

南充阆中

张飞牛肉、保健醋、牛肉面、清真馆子和谢炸酱的七星肘子都是不可不品的美味，老城与新城接合的地方往往有很多民间小馆子，家常味才是值得一品的，吃大餐厅五湖四海似乎差不多一个厨师弄出来的一样，没有更多更明显的特点，除了好看和气派有排场以外，似乎就找不到更好的理由了。

攀西地区

攀西地区的餐饮不是很丰富，但极有特色。早餐以粉为主，是米线像面条一样的做法，加有不同的臊子，如肥肠、牛肉、猪肉等。彝族风味餐不可不尝。杆杆酒、坨坨肉、辣子鸡是彝族风味餐中必不可少的。坨坨鸡、荞麦饼、酸菜汤等也是当地特色菜。喜欢火锅还是建议参照成都所推荐的品牌连锁店。

凉山气候寒冷，酒能驱寒暖胃，很受宠爱。彝族谚语说："无酒若隔九重山，无肉只隔一叶草。"意即待客宁可无肉而不可无酒，所以酒是待客佳品。

西昌

泸山郑记山泉黑豆花	位于泸山光福寺外，特色菜：黑豆花、邛海鱼、自制香肠和火腿。
泸山麻婆黑豆花	位于泸山光福寺外，特色菜：黑豆花，农家油肉、腌肉和香肠。

宜宾

在宜宾和泸州能让人大快朵颐的有两种食品，一种是河鲜，通常会做成鱼火锅或各式传统川菜，一是竹类食品，如竹笋、竹荪、竹节虫等，与之成菜的则多为农家自养的土鸡、土鸭，因而美味无穷。宜宾名菜有"双合千张"：先将豆腐皮和千张切成条状，放入少量的水，煮熟即可。千张呈卷筒状，有点臭，但很好吃。另外还有"活水兔"。宜宾的名小吃有宜宾燃面、金钩抄手、合什面、红桥磕粉等。

宜宾的美食多种多样，街头小摊上的红桥叶儿粑、附油黄粑飘散出诱人的香味；街边小店中的柏溪潮糕、葡萄井凉糕绵软细嫩、入口清香，回味无穷。然而这些仅是宜宾美食的一小部分，不足以代表宜宾美食的特点，最能代表宜宾美食的是大名鼎鼎的宜宾燃面，宜宾燃面不仅是宜宾美味的招牌，更承载着宜宾饮食文化的内涵。

对水产感兴趣的朋友，不妨沿着江边走走，那里有用岷江、金沙江、长江汇流而来的特产制成的川式美味。正宗野生河鱼品种：江团、鲟鱼、甲鱼、黄辣丁、鲢鱼、水米子等。

燃面	宜宾人的早餐一般是燃面，不仅是早餐，中午大多数上班族或学生也会选择这一中国式快餐食品，燃面有口磨面、肥肠面、排骨面、京酱面、芸燃面、生椒牛肉面等系列产品，各种不同的燃面馆子很多，当地人一般认为街心花园人民路17号的是老字号，因而推荐。
刘抄手	兴文县城人的早餐大多会在刘抄手处吃，这里的抄手个大馅多，有好几种口味，现在已有速冻食品远销各地，来这里吃抄手一般要排队，1.5元/两，在电影院附近。
兴文县实惠餐厅	肝腰合炒、素炒鲜竹笋都不错，价格便宜。去石海洞乡的路上还有一家麒麟饭店，有野生菌等天然食品。

自贡

俗话说：吃在四川，味在自贡。自贡为井盐之都，昔时盐帮菜，于川菜系独树一帜，备受达官贵人的追捧，逐渐形成了一批口碑甚佳的老字号，如天德园、鹿鸣春、金谷园、新津菜社、岷江饭店、华北食堂等。盐帮菜以味厚、味重、味丰为特色，最为注重和讲究调味，具有"味厚香浓、辣鲜刺激"的特点。

自贡牛肉	自贡的牛肉食品很有风味，其中火边子牛肉、水煮牛肉、菊花牛肉火锅、火爆黄喉、牛头、牛尾汤等盐帮菜值得一试。其中，火边子牛肉是自贡地区的风味食品，在其他地方，有类似的"灯影牛肉"，但火边子牛肉却以自己独具的特色见长。其刀功奇绝，薄如纸片，异香绵长。火边子牛肉的原料，只能选用牛后腿上的所谓"钻子牛肉"，其制法更是精细讲究，秘不外传。 自贡本地人最爱吃的还有兔肉和鱼。据说味道好的店，在同心路、沙湾和千盛百货旁的小巷里卧虎藏龙。
小吃	到自贡，更少不了品尝各类名小吃，如：郑抄手、担担面、庆荣森豆腐脑水粉、谢凉粉、燕窝粑、糍粑、泥鳅粑、豆花饭等。

泸州

位于长江边的泸州绝对是吃河鲜的好地方。在泸州滨江路旁到处都是大大小小的坝坝鱼馆子、墩船鱼馆。鱼头火锅推荐大山坪和三星街的"五味轩"。

泸州独特的风味名小吃有白糕、伦敦糕、黄粑、猪儿粑、窖沙珍珠丸、两河桃片、合江烤鱼、姜氏卤菜一绝、老牌鸭子、朱氏炸酱面等。

甘孜藏族自治州

川菜与藏餐是这里的主要食品，另外清真食品和川味面食都很不错。除康定外，其他地区的餐饮特点及多样性不太多。

雅江不能错过的是鱼，所谓"雅江三绝"，雅江鱼、雅江雨和雅江女。雅江县城内现在兴起越来越多的餐厅，高中低档的接待都能胜任，因而也逐渐形成了一个南线的交通中转站。理塘的餐饮业是相当发达的，可以在这里体验藏族美食：炖牛羊肉、煮坨坨肉、酸奶、酥油茶、人参果等。

稻城的餐馆相对较多，大多与住宿点在一起。

四川

旅游锦囊

交通资讯

四川的交通

航空

拥有成都双流国际机场和达州河市机场、泸州蓝田机场、绵阳南郊机场、九寨黄龙机场、宜宾菜坝机场、南充高坪机场、西昌青山机场、康定机场、攀枝花保安营机场和广元盘龙机场等支线机场。成都双流国际机场是中国四大航空港之一也，是中国中西部地区最繁忙的民用枢纽机场。目前使用成都双流国际机场的航空公司有16家，航线140多条，可以直飞国内外众多城市。机场巴士10元，15分钟一班，停靠民航大厦等处，机场巴士乘坐处位于人民南路二段蓝天宾馆（西南航空售票处旁）。

铁路

铁路是四川沟通省内外运输的大动脉。目前，四川省铁路已形成包括宝成铁路等5条铁路干线、8条铁路支线和4条地方铁路组成的铁路网。

公路

全省公路以成都为中心，干、支线公路呈辐射状分布，同时，又辅以东西、南北线路的相互交织。主要的公路干线有：川藏公路、川青公路、川陇公路、川陕公路、川渝公路、川云东路、川云中路、川云西路及川滇公路等。成都汽车中心客运站是四川最大的公路客运枢纽站。

预算

无法省掉的开支：门票

据专家们说，四川省"门票经济"全国领先。据不完全统计，全省省级以上风景区的门票、观光车票、缆车票、区内游船票等，总金额已超过3000元。省级以下景区、景点、公园、博物馆等还多如牛毛，不在此列。这些都是出自我们的腰包。目前门票还有涨价的趋势，令人更加担心钱包缩水。

那么，如何省钱呢？首先应对自己旅游的景区有大概的了解，对一些景点进行筛选，找到最具特色的地方，没什么新意的、常见的景观就不必去了。有些景区的门票（如九寨沟内）是每进一次就要购买一次，所以请安排好时间，以免浪费门票钱。另外，闲逛不需要花钱买门票，也能了解景区和城市的风土人情，玩出好心情。

成都的一些景区现在实行淡旺季两套收费价格，如九寨沟、黄龙、峨眉山、四姑娘山等，冬季纷纷推出了淡季的优惠门票、观光车票价格。淡季旅游时，不仅门票降价，而且由于游人少，一些宾馆在住宿上都有优惠，可以打折，高的可达50%以上。在吃的问题上，饭店也有不同的优惠。此一项，淡季旅游比旺季在费用上起码要少支出30%以上。

行程中最大的开支：路费

交通费用是旅行中最大的开支，众所周知。四川旅游资源丰富，景点之间相距较远，尤其是甘孜州的很多地方都是风景优美之地，但交通十分不便，有的地方甚至不通长途汽

车，只能包车，所以路费会是在四川旅行最大的开支。

自助游者要计划好出游的返回时间，采取提前购票，或同时购返程票的方法。一些航空公司有提前预订机票可享受优惠的规定，且预订期越长，优惠越大。与此同时，也有购往返票的优惠。在预订飞机票上如此，在预订火车、汽车票上也有优惠。如预订火车票，票买得早，可免去临时买票的各种手续费用。

自驾游是比较省钱的办法，而且四川是一个非常适合自驾旅游的地方，但自驾车也会遇到诸如滑坡、塌方等"自然灾害"，而且"自驾游"省钱的关键就是要找个好向导，除此之外，结伴消费、租返空车、合理规划线路都是省钱的办法。

旅行住宿丰俭由人，几十到几百元不等。如果想住得好，又住得便宜，出游之前要利用一切渠道收集目的地的旅馆信息。如果有熟人介绍或自己可入住的企事业单位的招待所和驻地办事处，当然是首选，这些招待所和办事处一般条件较好，住在这种招待所和办事处里，价格便宜，安全性也好。

在选择旅馆时，可选择一些交通较方便、处于不太繁华地域的旅馆，比如说旅游景区相对集中的城郊旅馆，不但安静，而且环境优美，去玩儿也方便，还可省一些路费。这些旅馆在价位上往往比火车站、汽车站旁边的同级旅馆低 20% ~ 30%，而且还可打折、优惠。如今城市出租车发展快，住远一点儿没关系。

> ### 可以省掉的开支：购物

旅途中购物，看似简单，却包含着一门省钱的学问：以地方特色作取舍，只购当地独有的；购买一些本地产的、且价格优于自己所在地的物品，切记莫买贵重东西；切忌贪便宜，某些风景区，在出售贵重物品时，往往用各种方法出售假冒商品；买本地特产时最好有行家指导。但是也不要盲目轻信别人，切忌冲动从众，而要相信自己的判断，做个成熟的消费者。

注意事项

一、景区昼夜温差较大、日照长，紫外线强，即使是夏季也是早晚凉中午热，请带足防寒衣物，冬天最好带上保暖衣、羽绒服。长时间在户外活动请自备太阳眼睛、防晒霜、遮阳帽和雨具保护皮肤、避免被晒伤。

二、高海拔地区旅游（如九寨沟），不宜剧烈运动，宜少饮酒，多食蔬果、水果，以防止发生高山反应。应备好常用药品（如治疗头痛症、腹泻、胃痛、感冒的药品，抵抗高原反映的药品、复合维生素、鱼肝油等）。

进入高原最好事先服用红景天。

三、九寨沟景区观光车，当日乘坐不限次数，指定景点站台上下车。沟内主要游览点都有较隐蔽的环保厕所和垃圾桶，请在游览过程中积极配合，加强自身的环保意识。

四、四川是少数民族聚居地区，再旅游的途中请尊重当地少数名族的生活习惯和民族信仰。

五、部分景区比较偏僻，因客观原因，路途中的餐饮住宿等条件多多少少都会令人不满意，游客需多多体谅。不要随意采食野果和菌类，以防误食中毒。

六、餐食菜品以麻辣为主，不习惯的游客，需要做好相应准备。

七、部分景区比较偏僻，因一些客观原因，路途中的餐饮住宿等条件多多少少都会令人不满意，游客需多多体谅。并且，请不要随意采食野果和菌类，以防误食中毒。

《四川好玩》编写组

文字撰写: 高　岭　蒋　蓝　白　郎　史幼波　陈　甜

　　　　　黄　红　刘乾坤　朱　飞　梁　媛　孙淑荣

图片摄影: 于怀文月　王庆九　白　骅　刘乾坤

　　　　　朱信林　陈　锦　李　庆　李竞舟　李万平

　　　　　周伦斌　郝康理　胡小平　姜跃斌　高屯子

　　　　　高华康　柴　宇　梁江川　梁　媛　黄　红

　　　　　喻　磊　程　丽　程蓉伟　赖庆民　赖许竹

　　　　　魏发贵　赵　辉　姚荣杰　梦摄影　时代图片